DIE PIROUETTEN-KÖNIGIN

EISKUNSTLAUFGESCHICHTEN RUND UM DIE BERLINER MEISTERTRAINERIN INGE WISCHNEWSKI

GESAMMELT UND AUFGESCHRIEBEN VON
INGEBORG DITTMANN UND
CHRISTINE STÜBER-ERRATH

Meiner Trainerin
Inge Wischnewski
zum 80. Geburtstag

Christine Stüber-Errath
Berlin und Wildau, 2. März 2010

1. Auflage 2010;
ISBN: 978-3-00-029858-5
Satz, Layout und Umschlaggestaltung: Ralf Nachtmann, 12623 Berlin
Druck: Druckerei LASERLINE Berlin, Scheringstraße 1, 13355 Berlin
© Alle Rechte (Texte, Bild, Gestaltung) liegen bei den jeweiligen Autoren bzw. Inhabern.

Sämtliche Fotos wurden von den Sportlern bzw. deren Familien zur Verfügung gestellt. Nicht für alle Bilder ließen sich Urheber ermitteln. Berechtigte Ansprüche bleiben bestehen. Bildautoren: Ahnert (ZB), Ernst-Ludwig Bach, Wolfgang Behrendt, Michael Benjamin (USA), Harald Bratke, Dave W. Carmichael (USA), Ingeborg Dittmann, Manfred Dressel, Gerhard Kiesling, Joachim Kuphal, Olle Lindeborg (SWE), Lutz, Mittelstädt (ZB), Ralf Nachtmann, Günther Rowell, Schöller, Paul Schubert, Werner Schulze, Klaus D. Schwarz, Karl-Heinz Stana.

Nachdruck, Speicherung und/oder Wiedergabe in audiovisuellen und Online-Medien aller Art, auch auszugsweise, nur mit schriftlicher Zustimmung der Rechteinhaber.

Printed by LASERLINE · www.laser-line.de

Inhalt:

Danke, Inge!	6-7
Mit dem Glückspfennig zur Europameisterschaft	8-9
Das Eiskunstlaufen – ihr Leben: Inge Kabisch Wischnewski	10-20
„Ich habe es nie bereut, Trainerin geworden zu sein" Ein Gespräch mit Inge Wischnewski	21-25

Inges erste Trainingsgruppe in den Fünfzigern

Die Graziöse, der Elegante, der Sportliche Monika Ziemke, Bodo Bockenauer, Ralph Borghard	26-29
„Ich war der ewige Zweite" Michael Flebbe	30-31
Kann heute noch Sitzpirouette, Axel & Co Irene Ulrich	32-33
Schottentanz mit Dudelsack Irene Müller	34-35
Die „Affenschaukel" war ihr Markenzeichen Tamara Dutz	36-37
„Mädel, ich versuch' es mit dir" Heidemarie Steiner-Walther	38-39

Die sechziger und siebziger Jahre

Der lange Weg zum Glück Christine Errath	40-49
Von Rostock über Dresden nach Berlin Rolf Oesterreich, genannt Öse	50-51
„Basta!" – Wie sich Vater Kagelmann gegen die Verbandsfunktionäre durchsetzte Uwe Kagelmann, genannt Kagelfried	52-55

Schon mit 11 in der Meisterklasse
Ralf Richter, nenannt Pelle   56-59

„Ich war ein Schisshase"
Bernd Wunderlich, genannt Wundi   60-63

Ein Denkmal für die Eislaufmütter
Henry Geske   64-67

Der Ballett-Unterricht war eine Qual
Michael Glaubitz, genannt Mücke   68-71

„... und das Eis ist so hart"
Carola Niebling   72-75

Beim Doppellutz passierte es
Ralf Block   76-77

„Eene von meene fünf Mark"   78-79
Christian Greiner

„Mutti, du kaufst uns nie Schokolade"
Kerstin Gerth   80-83

Puppchen, du bist mein Augenstern
Carola Weißenberg   84-87

Sein Markenzeichen: Der dreifache Axel
Mario Liebers   88-91

Inges letzte Meisterschüler

Das große Sprungtalent
Ralf Lewandowski   92-95

Zweimal von Berlin nach Oberstdorf
Alexander König   96-99

Die Juniorenweltmeisterin
Janina Wirth   100-105

Der letzte Berliner Schützling von Inge
Chantal Richter   106-107

Weggefährten

Der erfolgreiche Berliner Paarlauftrainer
Heinz Friedrich Lindner — 108-113

Die Trainerin mit der sanften Stimme
Annemarie Kusche — 114-117

„Die Kleene ist zwar pummlig, aber lustig"
Annemarie Hansen — 118-121

Zuckerbrot und Peitsche
Brigitte „Biggi" Zeller — 122-123

Christa, Sybille und Kerstin
Die „Stolfigs" — 124-129

Der „Grokali" ging in die Geschichte ein
Manuela „Manja" Groß — 130-131

Zwischen Staatsoper und Eislaufbahn
Kristina Rouvel, die Choreografin — 132-133

Schlittschuhschleifer und „Mann für alles"
Horst Strauß, genannt Sträußchen, Jürgen Breitschuh, sein
Nachfolger und Gisela Sawatzki, die Physiotherapeutin — 134-138

Plakate aus dem Gartenhäuschen
Ralf Stein, Günter Bräuer, Sektionsmitarbeiter beim SC Dynamo — 139-141

Anhang

„Das wilde Tier im Busch"
Episoden und Geschichten aus mehr als 30 Jahren — 142-150

Von der BZA bis zum WM-Booklet
Dokumentiertes — 151-157

„Alles wird gut"
Die Autorin, „Leistungen von fast
sporthistorischem Wert", Danke — 158-160

Bilder und Dokumente aus 50 Jahren — 161-176

Trotz Alledem!
Christine Stüber-Errath:
Danke, Inge

Es gibt Menschen, mit denen fühlt man sich sein ganzes Leben lang verbunden. Inge Wischnewski war nicht nur meine langjährige Trainerin, sie ist auch bis heute mein Vorbild, selbst wenn das etwas pathetisch klingen mag.

Mit dem Eiskunstlaufen war und ist ihr gesamtes Leben verwoben. Sie war immer mit dem Herzen dabei. Trotz hoher Trainingsanforderungen, die sie an mich und alle ihre Schützlinge stellte, zeichneten sie zu jeder Zeit menschliche Wärme und Einfühlungsvermögen aus. Ich werde nie vergessen, wie man mir mit 11 Jahren mitteilte, dass ich von meiner damaligen Trainerin Brigitte Zeller in die Trainingsgruppe von Inge Wischnewski wechseln sollte. Inge galt als streng und ich ahnte, dass es bei ihr „sehr anstrengend" werden würde. Ich wusste aber auch, dass Inge Wischnewski in Berlin schon viele Erfolge mit ihren Sportlern erzielt hatte und da ich mit 9 Jahren, zumindest laut eines Interviews, bereits davon träumte, einmal Weltmeisterin zu werden, war Inge natürlich die richtige Trainerin für mich. Aber es brauchte seine Zeit, bis ich gern zu ihr zum Training ging. Um so inniger wurde aber dann unser „Verhältnis", als ich begriff, mit welch unendlich bewundernswertem Elan diese Frau ihrer Berufung – Eiskunstlauftrainerin – nachging. Einen Feierabend gab es ja eigentlich nicht und freie Wochenenden auch kaum, weil da die Wettkämpfe stattfanden.

Bis heute bin ich beeindruckt, wie sie es trotz allem schaffte, ihrer Familie Zeit zu schenken und auch noch ihren Hobbys nachzugehen. Sie hat es irgendwie verstanden, alles unter einen Hut zu bringen. Zum Beispiel besagte der Trainingsplan, dass unsere Trainingsgruppe Konditionstraining auf dem Rad machen sollte. Die Strecke führte über einige Kilometer – und oft direkt in Inges Garten bei Berlin, wo sie uns dann bekochte und mit uns, ihrer Tochter Ina und ihrem Mann Heinz in die Pilze ging.

Unsere Inge war und ist immer mit Leib und Seele dabei, Halbherzigkeit ist nicht ihre Sache. So versteht jeder, dass ich mich mit Händen und Füßen gewehrt habe, als ich 1969 nach den Europameisterschaften in Garmisch-Partenkirchen nach Karl-Marx-Stadt wechseln sollte. Als 12-Jährige hatte ich mich für diese EM qualifiziert, wurde aber von Jutta Müller betreut, da „man" Inge nicht als Trainerin einsetzte. Da gab es viele Diskussionen. Doch lieber hätte ich meinen geliebten Sport aufgegeben, als Berlin, meine Eltern und meine Trainerin zu verlassen.

Für seine Ideale gerade zu stehen, wurde jedoch in der damaligen DDR nicht immer belohnt. Vielleicht ein Grund, warum Inge und ich es nicht immer leicht hatten, uns da durchzusetzen. In diesem System, wo nicht gefragt wurde, mit welchen Methoden jemand zum Erfolg kam, wo nur der Erfolg selbst zählte. Inge Wischnewski war eine Trainerin, die immer die „Partei" ihrer Sportler ergriffen hat.

Das kam bei den Funktionären nicht so gut an. Sie musste als „Strafe" mehrfach ihre Trainingsgruppe aufgeben. Der Grund: Sie hatte sich für ihre Schützlinge sehr weit aus dem Fenster gelehnt. Dafür wären wir alle aber auch für sie durchs Feuer gegangen. Nicht nur wir Sportler selbst, sondern auch die Zuschauer, die Eiskunstlauffans, spüren bis heute, dass bei Inge Wischnewski die Begeisterung für den Eiskunstlaufsport und ihre Freude über jeden Erfolg eines Sportlers aus tiefstem Herzen kommen. Besonders ihr warmes, fröhliches, unverkrampftes Lachen zeigt ihren wahren Charakter. Dabei war es Inge wahrlich nicht immer zum Lachen zu Mute. Im Sommer 1974, das war der Sommer nach unserem weltmeisterlichen Erfolg in München, stürzte sie derart schwer die Treppe auf einem S-Bahnhof hinunter, dass die Ärzte ihr prophezeiten, nie wieder richtig laufen zu können. Wer erlebt hat, mit wie viel Willenskraft, Kampfgeist, Mut und Zähne zusammen beißen Inge diese Zeit überstanden hat, der wird ein Leben lang den Hut vor dieser Frau ziehen. Nicht nur, aber auch deshalb wurde sie zum Vorbild für mich und mein Leben. Sie hat nie aufgegeben und selbst mit Schmerzen, auf einem Stuhl sitzend, das Training geleitet. Es muss wohl zu dieser Zeit gewesen sein, als sie die Worte „trotz alledem" das erste Mal erwähnt hat. Karl Liebknecht hatte sie im Januar 1919 an den Schluss seines letzten Artikels in der „Roten Fahne" gesetzt. Doch diese Worte passen auch sehr gut zu Inges Leben. Immer wieder musste sie sich durchkämpfen, und das tut sie bis heute. Und ganz sicher auch noch lange weiter. „Trotz alledem" wird ihr Motto bleiben, denn es gibt vieles, wofür sie sich – trotz alledem – einsetzt, wofür sie – trotz alledem – einsteht.

Wenn wir am 2. März 2010 den 80. Geburtstag der erfolgreichsten Berliner Eiskunstlauftrainerin der Nachkriegsgeschichte begehen, dann feiern wir eine Frau, die viele Gründe hätte, stolz auf sich zu sein, die bei all den Erfolgen nie abhob und bescheiden geblieben ist. Eine Frau, die als Mutter, Ehefrau, Trainerin, Freundin, als Mensch Vielen zum Vorbild gereichen könnte. Ich bekenne mich dazu und sage: Danke, liebe Inge für alles, was ich mit Deiner Hilfe im Eiskunstlaufsport erreichen konnte, danke auch für die Ideale und Lebenseinstellungen, die Du mir für mein Leben mit auf den Weg gegeben hast. Dazu gehört auch das „Trotz Alledem".

Mit einem Glückspfennig zur Europameisterschaft
Christines Aberglaube

Seit ich denken kann, bin ich abergläubisch, wie übrigens die meisten Sportler. Bei mir machte sich das so bemerkbar, dass ich bestimmte Vorgänge vor einem Wettbewerb immer deckungsgleich wiederholte. Man könnte es auch Rituale nennen. Unverzichtbar war zum Beispiel „das Auffinden" eines Glückspfennigs in der Landeswährung, und zwar auf dem Weg zur großen Kür. Ich ahnte, es konnte einfach kein Zufall sein, dass das immer klappte, aber ich ließ mich nur allzu gern überlisten. 1974 – Europameisterschaften in Zagreb. Ich war 17 und hatte das große Ziel, meinen 1973 in Köln erstmals errungenen Europameistertitel zu verteidigen. Nun waren die Preisrichter mir gegenüber aus irgendeinem Grund immer besonders kritisch, sogar die Preisrichterin aus dem eigenen Land konnte sich nicht

immer durchringen, mir die besten Noten zu geben. Ich musste stets einen Tick besser sein als die anderen. Deshalb arbeitete ich schon Anfang der siebziger Jahre, als eine der ersten Eiskunstläuferinnen weltweit, an einem Dreifachsprung (1975 dann sogar in einer Sprungkombination). Die Stürze auf dem Weg, bis dieser verflixte dreifache Toeloop annähernd klappte, möchte ich nicht gezählt haben.

Wir sagten früher, dass man einen Sprung nur im Wettkampf wagen sollte, wenn man von 10 Trainingssprüngen wenigstens 8 „stehen" konnte. Im Vorfeld der Europameisterschaften 1974 hatte ich vielleicht ein Verhältnis von 10 zu 2, also 8 Stürze. Trotzdem wollte ich so mutig sein, diesen Sprung im Kürprogramm zu versuchen, getreu dem Motto: „Wer nicht wagt, der nicht gewinnt."

Und mein Ehrgeiz war ja, ein zweites Mal die Europameisterschaft zu gewinnen. Inge Wischnewski und ich hatten besprochen, erst kurz vor der Kür zu entscheiden, ob ich das Risiko eingehen sollte oder nicht. Wir konnten auf dem Fußweg vom Hotel in die Eishalle gelangen. Es war schon schummrig, als wir – Inge, Uwe Kagelmann und ich – den Weg zum Kürfinale antraten. Das Lampenfieber war in diesen Stunden vor dem Start immer am allergrößten. Schrecklich! Plötzlich blieb Uwe stehen, bückte sich und hatte diesen Glückspfennig in der Hand. Ich hab mich so gefreut und war fest entschlossen: Den dreifachen Toeloop springst du heute! Beim Warmlaufen klappte auch alles prima, dann wurde ich aufgerufen: „The next skater is from the German Democratic Republic – Christine Errath". In diesem Moment muss man alle Sinne beisammen haben. Jetzt muss man alles wagen. Am schlimmsten erging es in diesen Augenblicken wohl meiner Trainerin Inge Wischnewski. Ihre Nerven waren bestimmt noch angespannter als meine, denn sie hatte zwar Hunderte Trainingseinheiten mit mir auf der Eisbahn gestanden, Stunde für Stunde, mich angespornt, aufgemuntert, auch mal streng ermahnt. Aber wenn die Musik der Kür begann, konnte sie einfach nur noch zusehen und abwarten, was passiert. Sie war jedoch so mit Herzblut bei der Sache und stets 110 Prozent engagiert, so dass sie, neben meinen Eltern, schon immer der Mensch war, für den ich mich besonders anstrengte.

Die ersten Takte der Musik erklangen, ich musste eine große Anlaufkurve nehmen, um zu diesem entscheidenden dreifachen Toeloop anzusetzen. Das erste und einzige Mal habe ich während einer Kür einen Blick an die Bande geworfen – das geht ja alles in Zehntelsekunden – und sah meine Inge festgeklammert am Dekorationsvorhang hängen. Ihr waren die Knie weich geworden. Ich nahm allen Mut zusammen, sprang und stand – ganz tief in der Kniebeuge landete ich den Sprung, aber ich stand. Das Ergebnis war der zweite Europameistertitel meiner Karriere und im selben Jahr wurde ich in München dann sogar Weltmeisterin. Ganz klar, dass ich bis heute abergläubisch bin, oder? ***CSE***

Das Eiskunstlaufen
Ihr Leben
Inge Wischnewski

Von Ingeborg Dittmann

Ich muss gestehen: Bis zu unserem ersten persönlichen Treffen am 27. Oktober 2009 kannte ich Inge Wischnewski lediglich aus einigen Zeitungsberichten aus längst vergangener Zeit. Ich wusste, dass sie zu DDR-Zeiten lange Jahre eine der erfolgreichsten, wenn nicht **die** erfolgreichste Eislauftrainerin Berlins war. Doch das war angelesenes Wissen. Lückenhaft ohnehin, denn diese Frau stand nie im Mittelpunkt großer Fernsehreportagen oder mehr spaltiger Zeitungsporträts. Auch wurde sie nie zu einer dieser besonders nach der Wende inflationär ausgestrahlten TV-Talkrunden eingeladen, wie manche ihrer Trainerkollegen oder Eisstars. Obwohl sie ganz sicher mehr und authentischer als die meisten anderen hätte erzählen können über das Eiskunstlaufen in der DDR und so manch nützlichen Ratschlag für den gesamtdeutschen Eislaufsport nach der Wende hätte beisteuern können.

Und so habe ich die Frau, die hinter diesem Namen stand, gewissermaßen erst „aus zweiter Hand" kennen gelernt – durch ihre Schützlinge, denen Inge von Mitte der 50-er Jahre an eine ganz besondere Vertrauensperson war, aber auch durch ihre Trainerkollegen im Sportclub wie Anne Kusche oder Heinz Lindner, mit denen sie so manche „Schlacht" gemeinsam austrug. Gegen Bürokratie und Funktionärsstarrsinn, Ungerechtigkeit und Arroganz der Oberen. Oft genug musste sie bei diesen „Kämpfen" den kürzeren ziehen, wurde entmutigt, gebremst und einige Male sogar ihres Postens als Meistertrainerin enthoben. Musste ihre Meisterschüler abgeben und wieder ganz von vorn anfangen. Dass sie dennoch nie aufgab, hängt zum einen mit ihrer ungeheuren Liebe für den Eislaufsport zusammen, zum anderen wohl auch mit ihrer Erziehung im Elternhaus, der sie ihre Bodenständigkeit und ihre Ideale verdankt. Und mit der Disziplin, die ihr – einst selbst erfolgreiche Roll- und Eiskunstläuferin – in Fleisch und Blut übergegangen war. „Inge war ein Stehaufmännchen", sagt eine ihrer ersten Schützlinge, Heidemarie Steiner-Walther. Sie war (und ist) eine „Kämpferin", sagen andere. Ihr „Trotz alledem" sei so etwas wie ihr Lebensmotto geworden, schreibt Christine in diesem Buch. Vor allem aber sei sie eine „Arbeiterin" im wahrsten Sinne des Wortes gewesen, höre ich aus den Erzählungen vieler ihrer Schützlinge heraus. Während manch anderer durch Taktieren oder persönliche Beziehungen zu Entscheidungsträgern ehrgeizige Ziele zu erreichen suchte, habe Inge das durch harte Arbeit versucht. Nicht immer ist ihr das gelungen, der „Gegenwind" wehte zuweilen recht stark. Und so kommt es vor, dass sie sich noch heute, gut 35 Jahre danach, bei Gesprächen mit ihren ehemaligen Schützlingen für Ungerechtigkeiten entschuldigt, die dem einen oder anderen Läufer ihres Clubs widerfuhren.

Als ich mit Christine an diesem Buch arbeitete, stieß ich, wie der Zufall es gerade wollte, auf eine dieser Namenskarten. Die sind ja, wie auch Sternbilder, weil sie viele betreffen, oft sehr allgemein gehalten. Auf Inge treffen die Aussagen, wie ich meine, aber genau zu. „INGE: Arbeitet kreativ, ist leidenschaftlich, offenherzig und beruflich engagiert. Sie gibt nicht an, ist freundlich und erfreut sich an den kleinen Dingen des Lebens. Sie hat eine starke Persönlichkeit und große Führungsqualitäten. Inge ist ein germanischer Name nach dem Namen eines Gottes der Ingwäonen."

Nein, eine „Göttin" war und ist sie nicht. Doch ein Vorbild für viele ihrer Schützlinge, von denen einige heute selbst in und außerhalb Deutschlands als Trainerinnen und Trainer auf dem Eis stehen. Nicht selten mit der Überlegung: „Wie hätte Inge das jetzt wohl gemacht?", wie z.B. Alexander König, heute Eislauftrainer in Oberstdorf, erzählt. Dass sie auch Ecken und Kanten hatte, die gewöhnungsbedürftig waren, davon berichten einige ihrer ehemaligen Sportler in diesem Buch. Würden wir diese verschweigen, wäre alles unglaubhaft. Inge auf einen Sockel zu stellen, von dem aus sie auf uns herunterblickt – das würde ihr zutiefst widerstreben. Nein, Inge ist auf gleicher Augenhöhe mitten unter uns – und das hoffentlich noch sehr lange.

Mit ein paar alten Rollschuhen fing alles an

Als ich Ende Oktober an Inges Wohnungstür unweit ihrer langjährigen Wirkungsstätte, dem Sportforum an der Steffenstraße, klingele, habe ich nicht, wie so oft bei ersten Begegnungen, ein flaues Gefühl im Magen. Inge scheint mir vertraut wie eine alte Bekannte, obwohl ich ihr zum ersten Mal persönlich gegenüber stehe. Meine Vorahnung hat mich nicht getäuscht. Freundlich bittet mich Inge in ihre kleine Plattenbauwohnung an der Strausberger Straße 20, wo sie mit ihrem Mann Heinz seit 45 Jahren lebt. Der Kaffeetisch ist liebevoll gedeckt und erst, als ich ihr mein kleines, selbstgefertigtes Blumengesteck überreiche, fällt mit ein, dass Inge ja in solchen Sachen Meisterin ist. Als gelernte Gärtnerin hätte sie das wohl viel besser hingekriegt.

Doch Inge freut sich ehrlich und schon fachsimpeln wir, beide große Gartenfreunde – anstatt über Eiskunstlauf – erstmal eine ganze Weile über Blumen, Gehölze und Bäume. Der Garten der Familie Wischnewski in Mahlow hatte ja auch bei meinen Gesprächen mit ihren Schützlingen immer mal wieder eine Rolle gespielt. Als Ziel anstrengender Radtouren mit ihren Sportlern hatte Inge des öfteren eben jenen Garten gewählt. Da saß man dann in fröhlicher Runde beisammen, konnte weitab der Eisbahn ganz entspannt über Trainingsvorhaben reden oder über ganz Privates. Auch in der knappen Freizeit nahm Inge den einen oder anderen ihrer Schützlinge mal mit in den Garten, und zuweilen gab's Leckeres vom Grill. – Diesmal gib es bei Inge Kaffee und Kuchen und kleine Leckereien, und schon sind wir beim nächsten Thema. Denn Kuchen, Süßigkeiten und all die leckeren Kalorienbomben waren für Eiskunstläufer weitestgehend tabu. Davon hatten mir nicht nur

ihre Schützlinge Christine oder Janina ausgiebig berichtet. Doch ich muss vorsichtig sein, um mich nicht zu verraten. Schließlich hatte mich Christine unter einem Vorwand bei Inge angemeldet. Als Journalistin wolle ich eine Porträtsammlung über Persönlichkeiten im Berliner Nordosten schreiben, hatte sie Inge erzählt. Denn dass wir über und
für Inge anlässlich ihres kommenden 80. Geburtstages ein Buch machen wollen, soll sie nicht erfahren. Es soll eine Überraschung werden.
Also versuche ich mich an meinen Fragenspiegel zu halten, in dem es vor allem um **ihre** Biografie gehen soll. Doch das erweist sich als gar nicht so einfach, weil Inge immer wieder fast automatisch von sich ablenkt und auf ihre Schützlinge zu sprechen kommt. Natürlich interessieren mich da auch einige Details brennend, die nur sie beantworten kann. Mein Interesse daran erkläre ich schließlich damit, dass ich in meinem „früheren Leben", also bis zum 13. Lebensjahr, auch einmal Eiskunstläuferin war und nach einem Umzug von Erfurt nach Strausberg Anfang der 60-er Jahre beinahe beim SC Dynamo Berlin gelandet wäre.
Wir sind bei unser beider Vergangenheit gelandet, und da endlich kann ich Inge auch einige Erinnerungen an **ihre** Zeit als aktive Roll- und Eiskunstläuferin entlocken. Die liegt nun schon 60 bis 70 Jahre zurück. „Alles begann mit ein paar alten Rollschuhen in meiner Heimatstadt Weißenfels in Sachsen-Anhalt", erzählt Inge. Damals, 1939, war sie neun Jahre alt. Ihr Vater war Dreher, arbeitete in Dessau in einem Flugzeugwerk, später in Leuna. Er war Mitglied im Roten Front-

kämpferbund und in einem Arbeitersportverein. Für 1 Reichsmark hatte er für Inge gebrauchte Rollschuhe erworben. „Zu Weihnachten bekam ich dann so genannte Absatzreißer, auch Schraubendampfer genannt, wagte mich aufs Eis und gewann schon bald einen Eisschnelllauf-Wettkampf auf der alten Saale." Trainiert wurde sie von ihrem ehrgeizigen Vater. „Es ist Spiegeleis auf der Saale, da müssen wir hin", sagte er oft zur Tochter. An Kunsteisbahnen war damals noch lange nicht zu denken. Im Winter gab's die Spritzeisbahn, im Sommer wurde Rollschuh gelaufen.

Die Nazis schickten damals sogenannte Wandertrainer in die Provinz. So kam auch einmal die bekannte Eisläuferin und spätere Trainerin Charlotte Giebelmann (1899-2002) auf der Suche nach Talenten nach Weißenfels. Inge: „Ich stand an der Bande, guckte zu und mir so einiges von ihr ab. Frau Giebelmann wurde auf mich aufmerksam, aber für ein regelmäßiges Training fehlte meiner Familie das Geld." Inge beendete 1945 erst einmal die Schule. Zwischen 1944 und 45 hatte sie das damals geforderte Pflichtjahr in einer Gärtnerei absolviert. Weil sie keine Lehrstelle bekam, arbeitete sie dann als Sachbearbeiterin im Landessportausschuss Halle und wurde in dieser Funktion auch an verschiedene Rollsportorte geschickt. Einmal wurde sie von einem Mann vom Eis- und Rollsportverein Weißenfels angesprochen, ob sie nicht im Verein trainieren wolle.

„Der Monatsbeitrag von 1 Mark war eigentlich zu viel für meine Eltern", erinnert sich Inge, die ja auch noch zwei jüngere Geschwister hatte (Günther und Erika). Die Eltern meldeten die Tochter dennoch an. Waren doch beide selbst im Rollschuhsport ehrenamtlich engagiert.

„Ich war nicht besonders begabt, aber fleißig", sagt Inge rückblickend. Womit sie wieder mal viel zu bescheiden ist, schließlich wurde die ehemalige Läuferin vom Club Fortschritt Weißenfels schon bald vierfache DDR-Meisterin im Rollkunstlaufen sowie zwischen 1952 und 1955 vier Mal DDR-Meisterin im Eiskunstlaufen. Bei ihrer ersten Meisterschaftskür tanzte sie nach den Klängen des „Capriccio Italiano". 1954 errang Inge bei den Studentenweltmeisterschaften in Wien den vierten Platz. Mit ihren Platzierungen lag sie immer vor Jutta Müller (damals Seyfert), die in der gleichen Zeit Roll- und Eiskunstläuferin war. Nur im „Mädchenpaarlauf", übrigens mit ihrer späteren Trainerkollegin Annemarie Kusche, landete sie einmal hinter Jutta Seyfert, die damals mit Irene Salzmann lief. Das muss zur „Ostzonenmeisterschaft" im Februar 1949 in Oberhof gewesen sein. Wegen der milden Temperaturen mussten die Eisläufer nachts ihre Kür laufen, wenn das Eis wieder halbwegs gefroren war. Trotz der späten Stunde, es war weit nach Mitternacht, kamen mehrere Tausend Zuschauer zur Eisbahn. Ihre Wettkämpfe trugen die Eisläufer damals auf Spritzeisbahnen zwischen Oberwiesenthal, Oberhof,

Geising, Berlin oder Dresden aus. Im Sommer lief man in Weißenfels, Naumburg, Mittweida oder Leipzig Rollschuh. Schon beim Rollschuhlaufen gelangen Inge besonders gut die Pirouetten. Das war dann auch auf dem Eis so. Nicht umsonst ging sie als „Pirouettenkönigin" in die Eiskunstlaufgeschichte ein. Legendär sind die Worte eines renommierten Fernseh- und Rundfunkjournalisten aus den 50-er Jahren: *„Nun bewegt sie sich wieder quer über's Eis, nutzt den Schwung der tänzerischen Drehungen zum Wirbel einer neuen Pirouette ... Herrlich! Sie spreizt die Arme, sich lächelt ins Publikum und ihr Röckchen flattert im eigenen Wind."*

Von Weißenfels, der „Provinz", in die Hauptstadt Berlin
Im November 1949 wurde Charlotte Giebelmann dann die erste Eiskunstlauf-Verbandstrainerin der DDR. Sie sollte bald auch die Trainerin von Inge Kabisch werden, denn Inge wurde nach Berlin geholt. Anfangs trainierte man noch in einer

alten Kühlhalle. Doch im Mai 1950 wurde anlässlich des Deutschlandtreffens die Werner-Seelenbinder-Halle mit der ersten überdachten Kunstlaufbahn der jungen DDR eröffnet. Inge trainierte gemeinsam in einer Gruppe mit Annemarie Kusche, Renate Brettschneider, Jutta Seyfert, Heinz Lindner,

Brigitte Schellhorn und Gunhild Poltin, den DDR-Meisterinnen 1950 und 51. Schon ein Jahr darauf stand sie auf dem obersten Siegertreppchen – wie auch in den folgenden drei Jahren. Großen Spaß machten ihr die Schaulaufen. Da lief sie dann als Teufel kostümiert, als Ungarin im Vierer-Gruppentanz oder gab den „schwarzen Schwan" im Schwanensee-Trio mit Anne Kusche und Heinz Lindner. Noch heute erinnern sich die Mitstreiter an den stets umjubelten „Pinguin Mambo". Mit viel Fantasie und Improvisationsvermögen wurden die Kostüme aus allen möglichen Stoffresten selbst genäht. Schmunzelnd erinnert sich Inge an ihre ersten „Strumpfhosen" – blau eingefärbte lange Unterhosen ihres Vaters. Oder an die ersten, aus Handschuhleder gefertigten Schlittschuhstiefel. „Die waren so weich, dass man beim Aufsetzen nach einem Sprung wenig Halt hatte." Ziemlich provisorisch war in den ersten Monaten in Berlin auch ihre Unterkunft. „Zeitweise wohnten und verpflegten wir uns direkt in der Werner-Seelenbinder-Halle", erinnert sich Inge. Dafür war der Weg zum Eis nur ein Katzensprung. Von Vorteil war das, weil die Eiskunstläufer zuweilen auch spätabends oder nachts trainieren mussten, weil die Eishockeyspieler am Tage die Eisfläche belegten.

Später wohnte sie mit anderen Läufern in ehemaligen Bootshäusern und Baracken an der Regattastrecke Grünau. Dort lernte sie auch ihren späteren Mann Heinz Wischnewski kennen. Er spielte in einer Studentenmannschaft Eishockey und hatte im 1. Lehrgang an der DHFK in Leipzig 1954 sein Studium beendet. Später war er als Sportfunktionär beim Staatlichen Komitee für Körperkultur tätig. Als er sie einmal eine „lahme Eisente" nannte, forderte sie ihn zum Wettkampf im Schnelllaufen auf. Der Zweikampf fand am 17. Mai 1953 in der Werner-Seelenbinder-Halle statt. Daran erinnern sich beide noch genau. Heinz gewann, was die beiden „Konkurrenten" aber nicht daran hinderte, sich am 18. Juni 1955 das „Ja-Wort" fürs Leben zu geben. Heinz war ihr in all den Jahren immer eine große Stütze. Da Inge oft spät nach Hause kam, kümmerte er sich um Haushalt, Einkauf und um die 1958 geborene Tochter Ina. Noch heute sind beide ein unzertrennliches Paar und stolze Großeltern.

Ach ja, Ina. Mit 18 Monaten musste Inge ihre Tochter in die Wochenkrippe geben. Sie war ja oft zu Wettkämpfen unterwegs, in Trainingslagern oder stand auch abends auf dem Eis. „Ich wusste, dass Ina dort gut versorgt wurde, dennoch hat es mir zuweilen das Herz gebrochen", sagt Inge. Ina, die keine Eisläuferin wurde, sondern Außenpolitik studierte und längst zwei erwachsene Kinder – Karl (21) und Paul (27) – hat, sieht das lockerer: „Ich habe mich nie vernachlässigt gefühlt, schließlich war mein Vater ja auch noch für
mich da. Und Mutter hat öfter auch mal ihre Sportler eingespannt. Die haben mich dann abgeholt und wir hatten viel Spaß miteinander. Aber wenn Mutter Zeit hatte, dann hat sie sich besonders intensiv mit mir beschäftigt, mit mir gespielt oder Märchen vorgelesen. Öfter hat sie die Märchen selbst erfunden. Schwierig wurde es nur, wenn ich solch eine Geschichte später wiederhören wollte ..."

Doch zurück zu den 50-er Jahren im Eiskunstlaufen. Weil die DDR schneller auch zu internationalen Erfolgen im Eislaufsport kommen wollte, scheute man weder Geld
noch Mühe und holte sogar die Exweltmeisterin Magen Taylor aus England nach Berlin. Doch die Trainerin gab schon nach kurzer Zeit auf und ging zurück. Sehr viel später traf Inge sie bei einer Eislaufveranstaltung in den USA wieder. Inge: „Sie hatte ihre Tochter dabei und machte so eine Geste zu mir, dass ich nichts erzählen sollte. Ihre Tochter sollte wohl nicht erfahren, dass ihre Mutter einmal als Trainerin in Ostberlin war."

1955 wäre Inge gern zur Europameisterschaft nach Budapest gefahren und international gestartet. „Manfred Ewald rief mich an und sag-

te: 'Inge, du kannst nach Budapest fahren.' Toll, sagte ich, doch er meinte: 'Du missverstehst mich. Du fährst als zukünftige Trainerin!' Naiv, wie ich damals war, nahm ich meine Schlittschuhe mit, in der Hoffnung, vielleicht doch starten zu können." Es fehlte der jungen DDR also an Trainern. Inge: „Man sagte uns, Weltmeister könnt ihr in eurem Alter sowieso nicht mehr werden, also werdet ihr Trainer." Dazu wurden dann zum Beispiel Annemarie Kusche, Heinz Lindner, Jutta Seyfert (ab 1955 Müller) und auch Inge Wischnewski verdonnert. Sie begannen ein Fernstudium an der DHFK Leipzig. Im Nachhinein hat es wohl keiner von ihnen bereut, doch damals sah das anders aus.

Von der Übungsleiterin zur erfolgreichsten Berliner Eislauftrainerin
Als Inge im Mai 1955 gemeinsam mit Annemarie Hansen und anderen den Grundstein für den Aufbau einer Eislaufsektion des Sportvereins Dynamo legte, ahnte sie wohl noch nicht, dass der Beruf der Trainerin für sie einmal zur Berufung werden sollte. Schon bald trainierte sie ihre ersten Schützlinge, darunter zum Beispiel Monika Ziemke, Bodo Bockenauer, Michael Flebbe, Ralph Borghard, Irene Ulrich, Irene Müller oder Heidemarie Steiner. Aber auch einige Kinder von Staatsfunktionären kamen zu ihr. Sie erinnert sich z.B. an Anja Rau, Monika Maron, den Sohn von Erich Mielke oder die Tochter von Lotte und Walter Ulbricht. „Der Staatschef und seine Gattin hatten sich wohl mal auf dem Eis kennen gelernt und nun wollte Ulbricht, der ja sehr sportlich war, unbedingt auf dem Eis Walzer tanzen lernen. Morgens, bevor die anderen kamen, habe ich ihn trainiert", erzählt Inge. Er kannte sie, hatte ihr einmal

in Oberhof eine Uhr geschenkt, als er dort zum Skilaufen war. Sie müsse ihrem berühmtesten Schüler irgendwie unterjubeln, dass man in Berlin ein Internat für die Sportler bauen müsse, verklickerte ihr damals DTSB-Chef Ewald. „Ich war so naiv, das zu tun", sagt Inge. Ulbricht habe ihr geantwortet: Wir haben für den Sport schon sehr viel getan, jetzt sind erst einmal Wohnungen für die Bevölkerung an der Reihe.

In den 60-er, 70-er und 80-er Jahren brachte Inge als Meistertrainerin viele ihrer Schützlinge zu beachtlichen internationalen Erfolgen. Zu ihren bekanntesten Schülern gehörten neben Christine Errath (dreifache Europameisterin, Weltmeisterin 1974 und Olympia-

dritte 1976) Heidi Steiner, Uwe Kagelmann, Rolf Oesterreich, Bernd Wunderlich, Ralf Richter, Carola Weißenberg, Kerstin Stolfig, Alexander König, Mario Liebers oder Janina Wirth, die Juniorenweltmeisterin 1982, um nur einige zu nennen.

Späte Anerkennung – doch im Ausland
1985 wurde Inge in ihrem Club als „hauptamtliche Trainerin" verabschiedet. Sie war in dieser Zeit häufig verletzt, hatte eine Knie-Operation hinter sich, das Stehen auf dem Eis fiel ihr schwer. Dennoch mag das nicht der wahre Grund für ihre „Verabschiedung" gewesen sein. Schon in der Vergangenheit war sie ja zwei Mal „degradiert", sprich, als Meistertrainerin zurückgestuft worden – 1966, als ihr Schützling Ralph Borghard in den Westen geflüchtet war und 1976, als ihre Meisterschülerin Christine Errath nach der Olympiade in Innsbruck gegen den Willen der Funktionäre die Schlittschuhe an den Nagel gehängt hatte. Nun, Anfang der 80-er Jahre, hatten wieder einige ihrer talentierten Schüler mit dem Eislaufen aufgehört – freiwillig oder auch unfreiwillig wie Ralf Lewandowski, Janina Wirth oder Mario Liebers. Inge blieb dennoch, choreografierte und trainierte nun auf Honorarbasis (für ganze 7 Mark die Stunde) Nachwuchsläufer. Ein Leben ohne das Eiskunstlaufen – undenkbar für jemand wie Inge Wischnewski. „Ob du dich bewährst, das werden wir später entscheiden", sagte damals der neue Sektionsleiter zu ihr lakonisch. Als sie im Oktober 1989 eine Auszeichnung bekam, habe sie das als eine Art Wiedergutmachung empfunden, sagt Inge. Doch nach der Wende gab es für sie zunächst keine neue Aufgabe. „Es war wie der Fall in ein tiefes Loch", erinnert sie sich.

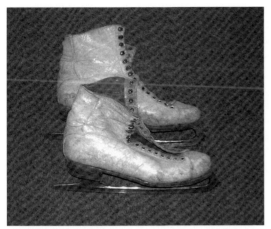

Deshalb war sie froh, als sie 1991 vom norwegischen Eislaufverband ein Angebot bekam. Die Heimat der Eislauf-Diva Sonja Henie (dreifache Olympiasiegerin) hatte Aufholbedarf. Eine gezielte Breitenförderung im Leistungssport, wie sie in der DDR betrieben wurde, gab es in Norwegen nicht. Inge: „Ich reiste in Norwegen umher, um Talente aufzuspüren und die Kinder zu trainieren. Ich habe mich in die Arbeit gestürzt, nicht auf die Uhr gesehen, Stunden lang in der Kälte auf dem Eis gestanden. Meinen Gelenken hat das wohl den Rest gegeben. Doch ich fühlte mich gut. Denn plötzlich war ich wieder anerkannt und nicht das 5. Rad am Wagen. Die Norweger hatten mich nach meinen Honorarforderungen gefragt. Vage und mit einem Fragezeichen sagte ich: 30 Mark? Warum so bescheiden, Frau Wischnewski, hieß es da. Und: Sie als Weltmeister-Trainerin können ruhig ihre Forderungen stellen. Wenn es meine Gesundheit zugelassen hätte, hätte ich den 5-Jahres-Vertrag verlängert. Man war mir richtig böse, als ich sagte, ich muss wieder nach Hause."

Zu Hause in Berlin trainierte sie dann noch einmal zwischen 1997 und 2001 eine Läuferin, die bald vordere Plätze bei Deutschen Junioren- und Nachwuchsmeisterschaften belegte – Chantal Richter, die in diesem Buch auch zu Wort kommen wird. Und gab jungen Eissternen Übungsstunden. Fünf Mal pro Woche radelte sie mit über 70 Jahren zur nahe gelegenen Eissporthalle. Zu ihrem 70. schenkten ihr ihre Schützlinge eine Reise zur WM nach Bratislava. Und zur Weltmeisterschaft 2003 fuhr sie mit ihrer Tochter Ina nach Dortmund. Schon morgens um 8 habe sie beim Training in der Westfalenhalle zugeschaut und sei bis Mitternacht in der Eishalle geblieben, erinnert sich Ina. Selbst mit Ende 70 besuchte sie noch die eine oder andere Eislauf-Veranstaltung in Berlin. Auch wenn das nun eher selten passiert, ist das Thema Eiskunstlaufen häufiger Gesprächsstoff im Hause Wischnewski oder bei Treffen mit ehemaligen Schützlingen oder Kollegen. Denn so ganz loslassen, nein, das kann sie nicht.

„Nun bewegt sie sich wieder quer über's Eis, nutzt den Schwung der tänzerischen Drehungen zum Wirbel einer neuen Pirouette ... Herrlich! Sie spreizt die Arme, sie lächelt ins Publikum und ihr Röckchen flattert im eigenen Wind."

„Ich habe es nie bereut, Trainerin geworden zu sein"
Ein Gespräch mit Inge Wischnewski

Frau Wischnewski, lassen Sie uns die Zeit 55 Jahre zurückdrehen. Damals, 1955, waren Sie gerade zum vierten Mal in Folge DDR-Meisterin geworden und eine ernsthafte Konkurrentin war nicht in Sicht. Es hätte also weiter aufwärts gehen können, endlich auch auf internationalem Parkett. Aber dann war plötzlich Schluss mit der Karriere als Läuferin.
Ich hätte als Einzelläuferin vielleicht noch einiges, vor allem endlich auch international erreichen können. Aber in zwei, drei Jahren wäre ohnehin Schluss gewesen. Ich war 25, als Sportchef Ewald persönlich in der Werner-Seelenbinder-Halle auftauchte und bestimmte, dass ich und einige Läufer meiner Gruppe wie Heinz Lindner oder Jutta Müller zu Trainern ausgebildet werden. Da flossen schon Tränen...

Da es nicht Ihr eigener Entschluss war, haben Sie später irgendwann einmal bereut, diesen Beruf ergriffen zu haben?
Nein, zu keiner Zeit, sonst hätte ich diesen Beruf ja nicht bis weit über das Rentenalter hinaus ausgeübt. Und das, obwohl es in den 45 Trainer-Jahren auch schwierige Situationen gab. Etwa, als ich mehrere Male als Meistertrainerin zurückgestuft wurde, als „Strafe" dafür, dass zwei meiner Läufer im Westen geblieben waren oder andere ihre Karriere zu einem Zeitpunkt beendeten, an dem das von der Sportführung nicht gewollt war. Manchmal habe ich auch jene Trainer beneidet, die in Disziplinen tätig waren, wo Stoppuhr und Bandmaß den Ausschlag für Sieg oder Platz geben. Beim Eiskunstlaufen ist viel von subjektiven Entscheidungen der Juroren abhängig.

Sie meinen die Entscheidungen der Damen und Herren Preisrichter? In der Eiskunstlaufgeschichte ist überliefert, dass man vor rund 100 Jahren eine Regel einführen wollte. Die Preisrichter sollten, vor allem bei Damenwettbewerben, eine „Blaue Brille" aufsetzen, damit ihre Sympathie für die eine oder andere Läuferin sich nicht auf die geforderte objektive Wertung auswirkt.

Ich will niemandem zu Nahe treten, aber es gab zuweilen schon, wie jeder weiß, recht subjektive Wertungen. Da kam ein Läufer, konnte er noch so gute Leistungen gezeigt haben, an dem „Favoriten", dem großen Namen, einfach nicht vorbei. Erst wenn der- oder diejenige abgetreten war, hatte der ewige Zweite eine Chance. Insofern wäre das mit der Brille gar nicht so übel gewesen. Doch die „Schere" lag ja wohl eher im Kopf.

Gab es in der langen Zeit Situationen, in denen Sie sich als Trainerin schlecht fühlten?
Die gab es. Etwa 1976 zur Winterolympiade in Innsbruck. Da durfte ich nicht, wie alle anderen, mit im Olympiadorf wohnen. Ich bekam auch keine Olympiakleidung, gehörte also offiziell nicht dazu. Christine Errath durfte letztlich bei Olympia starten, aber man hatte wohl nicht mehr an sie geglaubt. Als sie nach einem großartigen Kampf (sie war zuvor ja längere Zeit verletzt) sogar die Bronzemedaille errang, also immerhin drittbeste Läuferin der Welt wurde, gab es bei Einigen in der DDR-Crew betretene Gesichter. Wir feierten den Erfolg dann allein, in meiner kleinen Pension abseits des Olympiadorfes. Unschön ging es oft auch bei den „Auswertungen" nach Meisterschaften zu. Man wurde zur Leitung zitiert und musste begründen, weshalb der Sportler „versagt" hat. Am Beispiel: Zur EM 1983 in Dortmund kam meine Janina Wirth auf den 8. Platz. Sie hätte aber mindestens 7. werden sollen! Ähnlich war es im Jahr zuvor in Lyon, als sie „nur" auf den 9. Rang kam. Da hörte man als Trainer von den Sportfunktionären dann solche Sätze: „Kämpfen musst du, sich nur zu bemühen, reicht nicht."

Es gab manchmal Entscheidungen der Sportführung, die von den Läufern nicht nachvollzogen werden konnten, ihnen auch nicht erklärt wurden. Etwa, wenn es um den Einsatz, besser Nicht-Einsatz, bei internationalen Wettkämpfen wie Europa- und Weltmeisterschaften oder Olympia ging. Ich denke da an hervorragende Läufer wie Ralf Richter, Alexander König, Mario Liebers oder auch Ralf Lewandowski und Janina Wirth. Hatten Sie als Trainerin auf solche Entscheidungen Einfluss?
Wenn Entscheidungen in der Führung getroffen wurden, waren sie unumstößlich. Mir tat das in der Seele weh, wenn den Sportlern dadurch Unrecht geschah. Wenn es einem selber passiert, steckt man das weg. Aber wie soll man das dem Läufer oder den Eltern erklären? Der Sohn ist für Olympia nominiert, darf dann aber nicht fahren, die Tochter wiegt ein paar Gramm zuviel und muss deshalb „zur Strafe" zu Hause bleiben?

Zuweilen konnten Sie sich aber auch durchsetzen, etwa wenn es darum ging, dass ein begabter Läufer von Berlin nach Karl-Marx-Stadt wechseln sollte.
Da gab es mehrere Fälle. Bei meinem späteren Schüler Uwe Kagelmann verhinderte ein energisches „Basta" des Vaters (er war Volkspolizist), dass Uwe von Dresden nach Karl-Marx-Stadt wechseln musste, statt dessen nach Berlin kam. Ralf Richter sollte sogar aufhören, weil er nicht aus Berlin weg wollte. Er setzte sich durch. Bei Christine war es schwerer. Da half nur ein „Bittgesuch" beim Berliner SED-Chef Conny Naumann. Roland Wunderlich, der Vater von Bernd, damals Chefredakteur beim FDJ-Magazin „neues leben", vermittelte ein Gespräch. Naumann sagte damals: „Machst'e aus ihr 'ne Weltmeisterin? Dann kann sie bleiben."

Hätten Sie – aus heutiger Sicht – in mancher Situation anders gehandelt?
Im Nachhinein ist man immer klüger. Noch heute tut es mir zum Beispiel leid, welch hohes Trainingspensum man dem kleinen Bernd Wunderlich auferlegte. Als jüngsten Läufer (er war 13!) hatte man ihn zur EM in Göteborg regelrecht gefeiert. Bernd wurde damals Elfter. Er sollte trainieren wie ein Erwachsener. Ich habe gesagt: „Wir machen ihn kaputt, überfordern ihn." Ich gebe mir auch Schuld daran, dass Bernd dann nicht mehr wollte und aufhörte.

Christine war Ihr erfolgreichster Schützling in all den Jahren. Sie haben noch heute ein sehr enges, inniges Verhältnis zu ihr. War das immer so?
Am Anfang nicht, sie wollte ja auch gar nicht zu mir. Ich war ihr zu streng. Doch sie war eine sehr fleißige, ehrgeizige Läuferin. Wir haben uns quasi zusammen gerauft. Doch manchmal hatte ich es nicht leicht mit ihr (und sie mit mir). Da gab es mal einen Moment während des Trainings. Da hörte sie einfach auf, stand an der Bande, stampfte mit dem Fuß und schrie bockig: „Was man von mir alles verlangt!" Es war kurz vor Olympia und ich sagte: „Raus, verschwinde, und komm nie wieder!" Nach einer Weile hatten wir uns beide abgeregt. Christine kam wieder und fragte kleinlaut: Darf ich laufen? Und dann lief sie eine sehr gute Kür. Auch

nach ihrer aktiven Laufbahn haben wir den Kontakt nie verloren, bis heute nicht. Und: Sie ist bodenständig und bescheiden geblieben. Immerhin war sie Weltmeisterin und dreifache Europameisterin! Mir ist nicht bekannt, dass sie sich dadurch irgendwelche Vorteile im späteren Leben verschafft hätte. Ganz im Gegenteil.

Als Christine 1976 aufhörte, lastete man das auch Ihnen an.
Ja, ich musste meine Meisterschüler abgeben und wieder von vorn anfangen.

War es nicht absurd, dass man den Sportlern aus der DDR verboten hat, mit ihren Konkurrenten aus dem Westen zu sprechen bzw. Kontakte zu knüpfen?
Ja, das war es. Das ist, wenn überhaupt, nur im Kontext mit der damaligen Zeit zu verstehen. Man hatte Angst, dass unsere besten Sportler abgeworben werden. Westkontakte oder Westverwandtschaft waren ohnehin ein schwarzer Punkt in der Kaderakte. Da hat man ganz genau hingeschaut. Und manch einem haben sich dadurch auch Chancen im Weiterkommen verbaut. Aber das war ja auch in allen anderen Bereichen so.

Weshalb sind Sie 1991, kurz nach der Wende, nach Norwegen gegangen?
Um 1990 wurden ja die meisten unserer Trainer entlassen. Auf unsere langjährigen Erfahrungen legte man im gesamtdeutschen Eislaufsport kaum noch Wert. Was lag näher, als das Angebot vom norwegischen Eislaufverband anzunehmen. Schließlich hing mein Herz auch weiterhin am Eiskunstlaufen.

Danach, also mit 66, hätten Sie ja ganz in Ruhe in Rente gehen, sich Ihrem Garten oder den Enkeln widmen können. Endlich auch mal ohne „Erfolgszwang" verreisen! Aber Sie haben weitergemacht – auf dem Eis.
Ich fühlte mich noch zu jung, um die Hände in den Schoß zu legen. Wenn man sein ganzes Leben so eng mit dem Eiskunstlaufen verbunden war wie ich, dann kann man nicht einfach aufhören. Auch war ich davon überzeugt, noch viele Erfahrungen weiter geben zu können. Es tut mir in der Seele weh, dass ich heute nichts mehr bewirken kann gegen den Niedergang – von Ausnahmen einmal abgesehen - des Eiskunstlaufsports in Deutschland.

Was Verletzungen angeht, so waren Sie ja immer ein Pechvogel. Wie geht es Ihnen heute, mit beinahe 80 Jahren, gesundheitlich?
Ich habe eine künstliche Hüfte und eine Platte in der Schulter, die Knie sind nicht mehr in Ordnung und die Gelenke – aber sonst geht es mir gut. Ich lese viel, gehe spazieren, treffe mich mit Freunden, mache im Urlaub auch noch kleine Wanderungen und tue einmal im Jahr in einem ungarischen Heilbad meinen Gelenken Gutes an.

Ihr Herz schlägt links – auch heute noch, daraus machen Sie keinen Hehl.
Ich gehöre nicht zu den so genannten Wendehälsen, von denen Wilhelm Busch (manche schreiben den Spruch auch Heinrich Heine zu) einmal sagte: „Die über Nacht sich umgestellt / Die sich zu jedem Staat bekennen / Das sind die Praktiker der Welt / Man könnte sie auch Lumpen nennen."

(Berlin, im Oktober 2009)
Das Gespräch führte Ingeborg Dittmann

Abb.: (beginnend auf Seite 10) Inge 2009 zu Hause; in ihrer Wohnung hängen Bilder der Erinerung, auch die Goldmedaille der WM München gehört dazu; Janina Wirth führte sie zur Junioren-Weltmeisterschaft; mit ihrer ersten Trainerin Charlotte Giebelmann und als Rollkunstläuferin; mit Anne Kusche (li.) lief Inge im „Mädchenpaarlauf", Training in der Kühlhalle an der Scharnhorststraße; eine Tarantella beim Schaulaufen, mit ihrem Mann Heinz; mit Ina sowie Karl und Paul Anfang der 90-er Jahre, Aufbauarbeit musste im Sport und an den Häusern, wie hier mit Anne Kusche, geleistet werden; inmitten ihrer ersten Trainingsgruppe mit Hella Rathje, Bodo Bockenauer, Irene Müller und Irene Ulrich (v.l.n.r.), auch Walter Ulbricht brachte sie Eislaufen bei; mit ihrer erfolgreichsten Läuferin Christine Errath; im Kreise von Schützlingen und Wegbegleitern beim 70. Geburtstag (v.l.n.r.: Romy Oesterreich, Uwe Kagelmann, Heidi Steiner-Walther, Rolf Oesterreich, Sträußchen, Inge, Jürgen Breitschuh, Manuela Leupold-Groß, Günter Bräuer). Noch heute hat Inge ihre alten Schlittschuhe, die 1951 vom Westberliner Schuhmacher Bekier angefertigt wurden. Inge 1954 – die Rollen sollten bald ganz den Kufen weichen; als junge Trainerin bei der Spartakiade; Vater Errath hat seine Tochter stets unterstützt und dabei Auseinandersetzungen mit Inge nicht gescheut.

Die Graziöse, der Elegante, der Sportliche
Monika Ziemke (Schüler), Bodo Bockenauer und Ralph Borghard

Zur ersten Trainingsgruppe von Inge ab Mitte der 50-er Jahre gehörten auch Monika Ziemke, Bodo Bockenauer und Ralph Borghard. **Monika Ziemke** (heute Schüler) gehörte in der zweiten Hälfte der 50-er Jahren zu den Schützlingen
von Inge. Bei den DDR-Meisterschaften 1960 wurde sie Dritte hinter Heidemarie Steiner und Hella Rathje, 1961 Zweite hinter Gaby Seyfert. Sie wechselte dann zum Eistanz. Der Eistanz wurde erst 1964 eine Meisterschaftsdisziplin.
Am 11. Januar 1964 errang Monika Ziemke mit ihrem Partner Jochen Bode bei den DDR-Meisterschaften in der Berliner Werner-Seelenbinder-Halle den zweiten  Platz. Bode kam aus Rostock. Nach ihrer aktiven Zeit als Eisläuferin war die Journalistin viele Jahre Korrespondentin bei der DDR-Nachrichtenagentur ADN. Sie begleitete nun zahlreiche Eislauf-Meisterschaften quasi hinter der Bande als sachkundige Journalistin. Nach der Wende arbeitete sie viele Jahre in der Presseabteilung des ADAC. Monika Schüler lebt in Berlin Mitte.

Auch **Bodo Bockenauer**, geboren am 22. Dezember 1940, gehörte zu den ersten Schützlingen von Inge beim SC Dynamo Berlin. 1960, 61 und 62 wurde der elegante Läufer drei Mal hintereinander DDR-Meister. Damals gab es ja noch nicht so viele Meisterläufer in der DDR. Sein schärfster Konkurrent in der DDR war in dieser Zeit Michael Flebbe, ebenfalls von Dynamo Berlin, später war es Ralph Borghard. Bei den Europameisterschaften 1959 wurde Bockenauer 13., 1960 dann 15., 1961 belegte er den 8. Platz und 1962 den 6. Platz. Bei den Weltmeisterschaften 1962 kam Bodo Bockenauer auf den 11. Rang. 1960 nahm erstmals ein DDR-Eiskunstläufer an den Olympischen Winterspielen teil. Bodo Bockenauer belegte bei Olympia in Squaw Valley (USA) den 16. Platz. Seine Trainerin Inge Wischnewski hatte Einreiseverbot und durfte ihm nicht zur Seite stehen. „Er war der tänzerische Typ, sein Konkurrent Ralph Borghard eher der sportliche. Bei den Ausscheidungsläufen für die damals noch gemeinsame deutsche Mannschaft für Olympia 1964 in Innsbruck verlor er gegen ihn, das hat er wohl nicht verkraftet, sensibel wie er war", sagt Inge, die sich noch genau daran erinnert, wie sie mit ihm den „Fackeltanz" einstudierte.

Nach der Qualifikation Mitte Dezember 1963 in der Werner-Seelenbinder-Halle (vor 4500 Zuschauern) und eine Woche danach im Westberliner Sportpalast geschah es dann. „Bockenauer hatte verloren. Nach dem Wettkampf habe ich noch in seiner Kabine mit ihm geredet", sagt Ralf Stein, Sektionsleiter beim SC Dynamo. Es heißt, er habe dann über eine Feuerleiter die Halle verlassen und sei in eine bereit stehende Taxe gestiegen. Als Inge Wischnewski die Nachricht von der Flucht des Sohnes den Eltern überbrachte, zeigten diese sich nicht sehr überrascht.

Ab 1965 startete Bockenauer für die Bundesrepublik Deutschland für den Augsburger EV. Nach dem Ende seiner Amateurkarriere wechselte er zu den Profis und wurde 1967 Profi-Weltmeister. Seit 1968 war er Trainer beim SC Küssnacht in der Schweiz, ist es noch heute. Auch über 40 Jahre nach seiner aktiven Laufbahn ist der Name Bockenauer noch ein Begriff. Ich erinnere mich noch heute daran, dass ich (als 12-jährige Eislauf-Elevin) den Läufer mit dem eleganten, tänzerischen Laufstil regelrecht verehrte und er auf meiner Eislauf-Pinnwand im Kinderzimmer mit mehreren Fotos und Zeitungsausschnitten vertreten war.

Ralph Borghard, geboren am 17. April 1944, kam, wie auch Rolf Oesterreich, aus Rostock. Er war für Bockenauer eine große Konkurrenz. 1962 belegte er bei den DDR-Meisterschaften hinter ihm den 2. Platz, 1963, 64 und 66 wurde er DDR-Meister. Bei den Europameisterschaften 1962 war er auf dem 15. Rang, 1963 und 66 gelang ihm jeweils ein 6. Platz. Seine beste Platzierung bei einer Weltmeisterschaft war 1966 der 14. Rang. Zu den Olympischen Spielen 1964 in Innsbruck wurde er 11. „Er war ein großes Talent, wäre sicherlich auch ein sehr guter Fußballer geworden", erinnert sich Ralf Stein und ergänzt: „Seine Trainerin Inge Wischnewski legte damals für den Jungen ihre Hand ins Feuer, sie glaubte an ihn und wurde dann arg enttäuscht, als er in den Westen flüchtete. Das hat sie viele Nerven gekostet, schließlich musste sie nach dem Weggang von Borghard ihre Meistersportler abgeben und wieder ganz von vorn anfangen."

Dass er sich mit Inge bis heute nicht versöhnt hat, findet Stein bedauerlich. Noch im Nachhinein versucht Inge, Verständnis für diesen Schritt ihres Schützlings aufzubringen. Sepp Schönmetzler war ein guter Freund von Ralph, doch bei Wettkämp-

fen im westlichen Ausland war es so, dass die Sportler aus dem Osten nicht mit ihren Konkurrenten aus dem Westen reden durften. Wegen „Westkontakt" sollte Borghard dann für internationale Wettkämpfe gesperrt werden. Seine Trainerin Inge war damals die Einzige, die sich für ihn einsetzte. Sie sprach sogar beim obersten „Chef" Mielke vor, damit die Sperre aufgehoben wird. Weil sie für ihn bürgte, durfte er zur Weltmeisterschaft 1966 dann doch nach Davos fahren. Um so enttäuschter war sie, als Ralph nicht zurückkehrte. „Das war für mich ein Riesenvertrauensbruch", sagt sie heute.

In einem Artikel des „Spiegel" vom 4. April/ Ausgabe Nr. 15/1966, wird Borghard so zitiert: *„Die Flucht verlief reibungslos. Ich ging ins Hotel zurück, um meine Sachen zu packen – und dann nichts wie weg."* Und weiter heißt es in erwähntem Beitrag: *Er kam wie bestellt. Seit dem Rücktritt der Weltmeister und Olympiazweiten Marika Kilius und Hans-Jürgen Bäumler im Jahre 1964 konnten die westdeutschen Eislauf-Oberen kein Eislaufpaar mit internationalen Siegchancen mehr aufbieten. Der schlanke, hochtalentierte und gut durchtrainierte Meisterläufer aus dem Arbeiter-und-Bauern-Staat schien ihnen geeignet, den Mangel zu beheben. Als Partnerin für Borghard erkoren sie die trefflichste unter*

Westdeutschlands schlitternden Maiden: Ursula Keszler, 18, genannt Uschi, aus Frankenthal... Uschi Keszler wollte furchtbar gern mit Ralph Borghard im Paarlauf starten. Auch Borghard war „sehr gern" bereit, künftig mit dem „Sexy-Girl im deutschen Eislauf" (so damals die „Münchner Abendzeitung") anzutreten. Beide probten bereits einige Hebefiguren. Doch blieb der gesamtdeutsche Paarlauf bis heute, sechs Wochen nach Borghards Flucht, ein Traum der Funktionäre: Uschi Keszlers Vater, Mutter und Verlobter sagten nein.

Borghard belegte bei den Deutschen Meisterschaften 1967 dann den zweiten Platz. Später studierte er Zahnmedizin und arbeitet seither als Zahnarzt in Westberlin. **ID**

Abb.: Monika Ziemke auf einem Zeitungsfoto von 1954 mit Donata und Carmen-Maja Antoni sowie mit Sportkolleginnen; Bodo Bockenauer schaffte es 1963 sogar auf das Titelblatt des Programmhefts für das Schaulaufen „Polarsterne"; Ralph Borghard schaute zu, als Bodo Pirouetten übte. Später stand er ganz oben auf dem Siegertreppchen; dorthin hatte ihn seine Trainerin Inge Wischnewski gebracht. Auch nach ihrer aktiven Laufbahn stieg Monika Ziemke gern in die Schlittschuhe, hier mit Jutta Will.

„Ich war der ewige Zweite"
Michael Flebbe

Michael Flebbe gehört zu den ersten jungen Läufern, die Mitte der 50-er Jahre bei Inge Kabisch trainierten. Als wir uns im Herbst 2009 treffen, erinnert er sich an die Anfänge: „Auf den Tennisplätzen an der Pfeilstraße gab es im Winter immer eine Spritzeisbahn. Charlotte Giebelmann wohnte gegenüber in der Grabbeallee. Sie entdeckte mich dort beim Eislaufen und ich kam, wie viele andere Kinder auch, in eine sogenannte Sichtungsgruppe. Wir wurden in die Werner-Seelenbinder-Halle eingeladen. Offenbar zählte ich zu den Talentiertesten und durfte fortan bei ihr trainieren. Das war 1953, ich war damals 9 Jahre alt. Gleichzeitig spielte ich beim SC Einheit Tennis, war in der Jugendmannschaft der DDR. Weil ich bei Einheit bleiben wollte, wurde ich damals dort von Horst Kuhrüber, dem Paarläufer, trainiert. Das war gar nicht so einfach, weil er als Paarläufer wenig Ahnung von der Pflicht hatte."

Danach kam Michael zu Inge, war in einer gemeinsamen Trainingsgruppe u.a. mit Monika Ziemke, Uli Walther und Bodo Bockenauer. „Von der 5. bis zur 8. Klasse war ich in der KJS an der Gleimstraße. Später hatten wir in einem kleinen Gebäude neben der Werner-Seelenbinder-Halle Unterricht. An Bodo Bockenauer kann ich mich gut erinnern, wir waren ja jahrelang Konkurrenten. Er war der tänzerische, ich eher der sportliche Typ. Den Ballettunterricht habe ich oft geschwänzt, das war nicht mein Ding. Bodos Vater war ja Turner und hatte dann ein Sportgeschäft. Dort habe ich immer meine Tennisschläger bespannt. Das Tennisspielen habe ich dann mit 14 zugunsten des Eislaufens aufgegeben. Ich habe ziemlich schnell die verschiedenen Leistungsklassen bis zur Meisterklasse absolviert, bald auch schon die meisten Doppelsprünge beherrscht. Zeitweise trainierte ich bei Magen Taylor aus England und Zdenek Fikar aus der CSR, dem Studentenweltmeister 1953 im Eiskunstlauf. 1960 und 61 war ich Vizemeister der DDR hinter Bodo Bockenauer. 1960 nahm ich an den Europameisterschaften in Garmisch teil und wurde 18., mit der zehntbesten Kürwertung. Bei der EM 1961 in Westberlin wurde ich 13. Ich lief, obwohl ich eine schwere Angina hatte. Nominiert war ich auch für die Weltmeisterschaften 1961 in Prag. Die wurden dann abgesagt, weil die amerikanische Mannschaft bei einem Flugzeugabsturz ums Leben kam. Ende 1961 habe ich aufgehört. Ralph Borghard ist quasi in meine Schlittschuhe gestiegen. Ich war schon beinahe depressiv, weil ich stets der ewige Zweite war. Außerdem hatte ich eine Knieverletzung, war sechs Wochen in Gips, musste mich aufs Abi vorbereiten (was ich dann aber geschmissen habe) und kam auch nicht mehr mit dieser subjektiven Bewertung durch die Preisrichter in diesem Sport zurecht. Ich habe dann eine Berufsausbildung als Bankkaufmann begonnen, bin später in einen Außenhandelsbetrieb gegangen und habe im Fernstudium meinen Bauingenieur abgelegt. Nach der Wende habe ich in der Projektentwicklung gearbeitet, bin dann vorzeitig in Rente gegangen."

Mit 20 schon hatte Michael geheiratet. Er hat drei Söhne, die im Radsport und beim Turnen erfolgreich waren. Auch er ist dem Sport treu geblieben, ob beim Handball oder Tennis. Aufs Eis ist er jedoch nie wieder gegangen. Seine Trainerin Inge hat er zum letzten Mal Mitte der 80-er Jahre gesehen, als er mit Renate und Klaus Wasserfuhr, mit denen er noch heute befreundet ist, einen Ball im Palast der Republik besuchte. „Ich hatte mich völlig vom Eislaufgeschehen zurückgezogen. Nur 1974, als Christine Errath in München Weltmeisterin wurde, habe ich Inge einen langen Brief geschrieben und ihr zu diesem Riesenerfolg gratuliert." *ID*

Abb. Michael Flebbe Mitte der 50-er Jahre, im November 2009 und in seiner Trainingsgruppe.

Sie war eine Respektsperson
Michael über Inge Wischnewski

Als ehemalige aktive Läuferin und achtfache DDR-Meisterin im Eis- und Rollkunstlauf konnte sie sich später auch als Trainerin gut in die Psyche ihrer Schützlinge hinein versetzen. Für mich war sie immer eine Respektsperson. Streng in ihren Forderungen, aber auch irgendwie moderat. Es gab ja auch Trainer, vor denen man zitterte oder Angst hatte, regelrecht eingeschüchtert wurde. Das war bei Inge nie so. Sie nahm auch Anteil an familiären Sorgen ihrer Läufer. Als mein Vater starb, kam sie zur Beerdigung. Ich war manchmal ja auch ein wenig trainingsfaul. Noch 25 Jahre, nachdem ich mit dem Laufen aufgehört hatte, erinnerte Inge sich an eine kleine Episode: Ich kam einmal zu spät zum Training. Erzählte ihr, ein Brauereipferd wäre vor der Werner-Seelenbinder-Halle tot umgefallen. Da musste ich natürlich das Geschehen beobachten und vergaß mein Training. Das hörte sich an wie eine fantasievolle Ausrede. Aber ich kann ihr noch heute versichern: Es hat sich wirklich so zugetragen.

Kann heute noch Sitzpirouette, Axel & Co
Irene Ulrich (Weigel)

Irene, geboren 1940, kam relativ spät zum Eiskunstlaufen. Ihre erste Trainerin 1952 war Charlotte Giebelmann. „Sie hatte mich beim Ballettunterricht im Haus an der Parkaue ausgesucht und aufs Eis geholt. Die Folge war ein Wechsel zur Sportschule", erinnert sich Irene heute. Seit 1955 trainierte sie bei Inge in deren erster Trainingsgruppe, gemeinsam mit Läuferinnen und Läufern wie Irene Müller, Hella Rathje und Bodo Bockenauer. Auch an Heinz-Ulrich Walther, Carsta Jürs, Tamara Dutz und Heidi Mathes sowie Donata und Carmen Maja Antoni erinnert sie sich gut. Sie nahm an DDR-Meisterschaften teil und denkt besonders gern an die vielen Auftritte mit der Dynamo-Eisrevue „Polarsterne" zurück. Fotos zeigen sie z.B. in einer Mädchen-

tanzgruppe ganz in Weiß, im Sepplkostüm mit Irene Müller oder als Ungarin in einem Eistanz. Letzteres Foto ist vom Januar 1957 datiert und wurde bei der Eisrevue des SC Dynamo Berlin und Rostock im Rostocker Kunsteisstadion aufgenommen.

Auch ihre letzten Auftritte auf dem Eis hatte sie 1958 mit den „Polarsternen". Dann hörte sie auf mit dem aktiven Sport und konzentrierte sich auf ihr Abitur, um danach an der Filmhochschule Babelsberg Filmschnitt zu studieren. Sie heiratete, bekam eine Tochter (heute Zahnärztin). „Ich hätte sie damals auch gern aufs Eis gebracht, aber sie wollte nicht", bedauert sie.

Irene arbeitete bei der DEFA als Regieassistentin. Nach der „Abwicklung" der DEFA Anfang der 90-er Jahre hatte sie das Glück, für ein Filmprojekt in Hamburg engagiert zu werden. Daraus ergaben sich für die inzwischen freischaffende Regieassistentin viele weitere Filmprojekte. Eines der interessantesten war 1995 die Arbeit an dem TV-Zweiteiler „Nikolaikirche" von Frank Beyer. Irene arbeitete bis zum 63. Lebensjahr. „Heute bin ich Rentnerin, werde gleich 70 Jahre, gehe aber noch immer gern aufs Eis. Ein Dreiersprung, eine Sitzpirouette und einfache Sprünge gehen noch", sagt sie. Im Erika-Heß-Eisstadion trifft sie sich manchmal noch mit Carmen Maja Antoni und anderen Läufern von damals zum Freizeit-Eislaufen. **ID**

Abb.: Irenes Sitzpirouetten, die sie heute immer noch beherrscht, waren berühmt, ebenso ihr Auftritt als feurige Ungarin beim Schaulaufprogramm „Polarsterne" am 3. Januar 1958. Irene Ulrich machte in der „Pionier-Reihe" (re.) ebenso eine gute Figur wie 1995 bei den Dreharbeiten zu „Nikolaikirche" in Leipzig (neben ihr Regisseur Frank Beyer).

Irene über Inge Wischnewski
„Trotz Sturz ein Lob – das hat mich stark gemacht"

Ich habe mich mein Leben lang an folgende kleine Episode erinnert. Es war vor den Berliner Meisterschaften 1957. Inge wollte den Axel von mir sehen. „Du gehst jetzt aufs Eis und springst ihn, wenn nicht, kannst du aufhören", sagte sie. Ich sprang und flog aufs Eis. „**Prima**", lobte Inge, „**du hast den Mut gehabt und hast es versucht**". Dann nahm sie mich in die Arme. Ich wurde übrigens Dritte.
Diese Aufforderung zum Mut und zum Risiko hat mich, weil ich ja belohnt wurde, stark gemacht für mein gesamtes weiteres Leben, bis heute. Sich selbst zu überwinden, sich etwas trauen, trotz Angst davor, wurde so etwas wie mein Lebensmotto.

Schottentanz mit Dudelsack
Irene Müller (Freymann)

Irene Müller, heute Freymann, war in den 50-er Jahren Eiskunstläuferin. Sie gehörte zur ersten Trainingsgruppe von Inge Wischnewski, trainierte gemeinsam u.a. mit Bodo Bockenauer, Michael Flebbe, Irene Ulrich oder Hella Rathje. Zu dritt tanzten die Mädchen zum Beispiel den „Schottentanz". Ein Foto ist überliefert, auf dem Hella einen „Dudelsack" umgehängt bekam. „Tja, Besseres hatten wir damals nicht und authentisch sind wohl nur die Ka-

ros auf den Röckchen. Aber die Zuschauer waren begeistert und uns hat's Spaß gemacht", schreibt Irene Ende November 2009 in einem Brief aus Angermünde, wo sie heute lebt.
„Ich habe bei Inge von 1953 bis 1959 trainiert und wurde dann Paarläuferin; zuerst mit Bodo Bockenauer. Diese Verbindung kam zustande, weil bei einem Städtevergleichskampf, ich glaube in Warschau, ein Paar antreten musste, und da hat man uns

beide zusammen getan und wir liefen hübsch nebeneinander her. Danach trainierte ich zusammen mit Hans-Georg Dallmer bei Heinz Lindner." Und das mit großem Erfolg. So wurde das Paar zwischen 1960 und 1964 fünf Mal hintereinander DDR-Vizemeister (hinter Senf/Göbel und Wokoeck/Walther); 1965 und 1968 konnten sie das „höchste Treppchen" besteigen. Bei der Weltmeisterschaft 1961 in Westberlin belegte das Paar den 9. Platz, 1965 in Colorado Springs/USA ebenfalls. Bei den Europameisterschaften 1962 in Genf und 1965 in Moskau wurden sie jeweils Fünfte.

Folgende Episode weiß Irene über Inge zu berichten: *Inge spielte gern mit uns Volleyball, wenn wir im Trainingslager waren. Kam ein Ball in ihre Reichweite, rief sie lautstark: „Hab ich, hab ich!". Und sie hatte ihn dann auch, und es gab meistens einen Punkt für ihre Mannschaft.* Anlässlich eines noch von Inge bestrittenen Schaulaufens oder Wettkampfes erschien in der Berliner Zeitung ein kleiner Artikel von dem „langen" Herrn Awolin (er war wirklich ein langer Mensch) unter der Überschrift „Und ihr Röckchen flatterte im eigenen Wind". Gemeint waren ihre Pirouetten, denn Inge war die Pirouettenkönigin zur damaligen Zeit. **ID**

Abb.: Irene Müller als Paarläuferin, zunächst mit Bodo Bockenauer, dann mit Hans-Georg Dallmer; Irene als Solistin, 1966 zusammen mit den Paaren Steiner-Walther (li.) und Weise-Brychzy (Mi.) sowie Trainer Heinz Lindner und 2008 mit Inge.

Die „Affenschaukel" war ihr Markenzeichen
Tamara Dutz (Seeberg)

Tamara Dutz, heute Dr. Tamara Seeberg, berichtet in einem Brief vom 11. Dezember 2009 über ihre Zeit als Eiskunstläuferin und ihren weiteren privaten und beruflichen Werdegang.

Ich bin richtig gerührt, dass Sie auch an so frühe Ehemalige denken, die für die Eislaufszene später ja keinerlei Bedeutung mehr hatten. Aber immerhin: Vielleicht waren wir doch die Basis für den Erfahrungskreis der uns Trainierenden und somit auch für Inge Kabisch (später Wischnewski), die auch „unsere heiß geliebte Inge" war. Ich selbst bin im Alter von 11 oder 12 Jahren über Frau Giebelmann, die damals in unserem Nachbarhaus in Berlin-Niederschönhausen wohnte, zum Eislaufen gekommen. Inge Kabisch wurde 1954, als die ersten Eislaufklassen an der Sportschule in der Gleimstraße gebildet wurden, unsere Trainerin.

Damals wurden die Klassen 5 bis 8 als Eislaufklassen neu gegründet. Wir fuhren nach 3 bis 4 Stunden Schulunterricht mit der Straßenbahn zur Werner-Seelenbinder-Halle. Im Winter waren wir im Trainingslager in Oberhof (in den voraus gegangenen Jahren waren es Geising und Neuhaus). An der Sportschule war ich nur ein Jahr – bis zum Beginn der Oberschule in der 9. Klasse. Ich war damals sehr traurig über diesen, von meinen Eltern gewünschten, Wechsel. Nach dem Abitur habe ich dann Medizin studiert, das wollte ich schon seit Kindestagen.

Mein Berufsleben spielte sich in Westdeutschland ab, durch meine Heirat mit einem Westdeutschen. Wir haben drei Kin-

der. Die Facharztausbildung (als Internistin und danach als Radiologin) war für eine Frau mit drei Kindern mit einigen Erschwernissen verbunden. Aber das ist ein anderes Thema. Schließlich wurde ich Gutachterärztin bei der Landesversicherungsanstalt München und dachte schon, den Rest meines Lebens in Bayern verbringen zu müssen. Doch dann kam der Fall der Mauer. Und nachdem mein Mann aus dem Berufsleben ausgeschieden war und sich für mich die Möglichkeit eines Wechsels an die Berliner Dienststelle ergab, sind wir wieder nach Berlin gezogen. Meine Eltern lebten damals beide noch und zwei unserer Kinder waren schon vor uns nach Berlin gegangen. Ich habe noch einige Jahre als Leiterin des Ärztlichen Dienstes in Charlottenburg gearbeitet und bin nun, mit 68 Jahren, sehr zufrieden, keine Berufssorgen mehr haben zu müssen.

Meine sportlichen „Urerlebnisse" haben mich vor einigen Jahren zu den Inlineskatern geführt, richtig mit Training zwischen 25- bis 40-Jährigen. Aber dann kamen verschiedene Gesundheitsprobleme und ich begnüge mich jetzt mit Walking, Radfahren und Paddeln.

Abb.: Gruppenbild mit Pioniertuch am 1. Mai 1954 auf dem Schulhof der Sportschule (Tamara hintere Reihe Mitte), Tamara Dutz mit Trainerin Charlotte Giebelmann 1953 auf der Spritzeisbahn Pfeilstraße, Schulunterricht im Winterlager Oberhof 1955 (das Mädchen mit der „Affenschaukel" ist Tamara), Tamara 1953 oder 54 in der Werner-Seelenbinder-Halle.

„Mädel, ich versuch' es mit dir"
Heidemarie Steiner-Walther

Heutzutage fast undenkbar, doch Heidi, am 9. Mai 1944 in Kolberg geboren, kam erst mit 10 Jahren zum Eiskunstlaufen. Sie begann als Einzelläuferin beim SC Dynamo Berlin bei Inge Wischnewski zu trainieren. „Doch ich war kein Wettkampftyp, eher so was wie Trainingsweltmeisterin. Was im Training hundertprozentig klappte, ging später beim Wettkampf oft schief", erinnert sich die heute 65-jährige Berlinerin. Dennoch errang sie 1960 bei den DDR-Meisterschaften im Eiskunstlaufen die Goldmedaille. Ein Jahr darauf wurde sie nach Gaby Seyfert und Monika Ziemke Dritte, 1962 und 1963 jeweils Zweite (hinter Gaby Seyfert). An der vier Jahre jüngeren Karl-Marx-Städterin Gaby Seyfert kam sie einfach nicht mehr vorbei. Sie war inzwischen 19 und wollte ihre Karriere eigentlich beenden. Der Zufall wollte es, dass Brigitte Wokoeck, die Eislaufpartnerin von Heinz-Ulrich Walther, nach den Olympischen Spielen 1964 aufhörte. Man suchte eine neue Partnerin für Uli. „Ulis Trainer Heinz Lindner sprach mich an und sagte dann: Mädel, ich versuch' es mit Dir, wenn Du willst", erinnert sich Heidi. „Ich wog damals 58 Kilo, kam aber noch innerhalb eines Jahres auf mein Idealgewicht als Paarläuferin."

Der Wechsel zum Paarlauf war von Erfolg gekrönt. Zwischen 1966 und 1970 errang das Paar zahlreiche Titel und vordere Plätze bei Meisterschaften. Sie wurden 4 Mal DDR-Meister (nur 1968 wurden sie von ihren Klub-Kameraden Irene Müller/Hans-Georg Dallmer überflügelt und wurden Vizemeister). Bei den Europameisterschaften belegten Steiner/Walther einen 8., drei 3. und einen 4. Platz, zu den Weltmeisterschaften einen 9., drei 5. und einen 3. Platz. Die Bronzemedaille zur WM 1970 in Ljubljana war ihr größter Erfolg. Bei den Olympischen Spielen 1968 kamen sie auf den 4. Rang.
Heidi hatte 1964 ein Fernstudium zur Diplom-Sportlehrerin an der DHFK aufgenommen. 1969 heiratete sie ihren Eislaufpartner Uli Wal-

ther. Mit ihm ist sie noch heute glücklich verheiratet. 40 Jahre!!! Und eigentlich sind sie ja schon seit 45 Jahren ein Paar, rechnet man ihre Zeit als Eislauf-Paar dazu. Die beiden wohnen in Berlin-Friedrichshain, haben einen 36-jährigen Sohn und zwei Enkelkinder. Heinz-Ulrich studierte Medizin und war als Orthopäde in der Charite tätig. Als internationaler Preisrichter ist er noch heute viel unterwegs. Heidi wurde nach Beendigung ihrer aktiven Eislaufkarriere 1970 Trainerin beim SC Dynamo. Sie trainierte dort bis 1990 u.a. Romy Kermer & Rolf Oesterreich, Birgit Lorenz & Knut Schubert, Babette Preußler & Tobias Schröder sowie Peggy Schwarz & Alexander König. Später trainierte sie das Schweizer Paar Leslie Monod & Cedric Monod, für das sie auch choreographierte. Noch heute kümmert sie sich um den Eislaufnachwuchs beim TSC Berlin sowie Freizeit- und Hobbyläufer. Letztere bestreiten mit hohem Leistungsniveau sogar seit Jahren einen national offenen Wettbewerb in Grimma um den Deutschland-Pokal. ***ID***
Abb.: Das Paar Steiner/Walther errang 1970 WM-Bronze.

Heidemarie Steiner-Walther über ihre Trainerin Inge

Mit Rolf Oesterreich und Alexander König hatte Heidi zwei Schützlinge, die ebenfalls ihre Karriere als Einzelläufer bei Inge Wischnewski begonnen hatten. Manches, was die beiden bei ihrer neuen Trainerin erlebten, mag für die damals jungen Eisläufer gar nicht so neu gewesen sein. Denn Heidi hat sich viel von ihrer einstigen Trainerin abgeguckt. „Inge beherrschte zum Beispiel hervorragend das ‚Spiel auf der Geige', die hohen und die tiefen Töne – also die Mischung zwischen Lob und Tadel. Klar, sie konnte auch mal laut werden, aber dann war's auch wieder gut. Sie war nie nachtragend, egal, was passiert war. Irgendwie hat sie es immer wieder geschafft, uns Sportler zu motivieren und Mut zuzusprechen, wenn es mal nicht so gut lief. Sie war hart in ihren Forderungen und trotzdem sehr gütig, menschlich eben. Alles in allem eine tolle Pädagogin.
Das habe ich versucht, in meine Arbeit als Trainerin zu übernehmen. Und wenn ich mal Rat brauchte, war sie auch später immer für mich da. Was hat sie sich für Mühe mit mir gegeben, als ich noch ihr Schützling war! Sie war ja eine sehr genaue, hervorragende Pflichttrainerin. Und ich hatte da einfach kein Talent dafür. Toll fand ich auch, dass sich Inge über das Training hinaus um unsere Belange gekümmert hat, zum Beispiel wenn es Probleme in der Schule gab oder der Familie. Sie hat für uns gekocht oder uns in ihren Garten eingeladen, ist mit uns einkaufen gegangen. Inge war und ist einfach eine sehr liebevolle, gutmütige Seele. Eigentlich viel zu gutmütig für diesen schönen, aber doch harten Sport, wo der Wind zuweilen ziemlich rau weht. Und sie hängt nach wie vor an diesem Sport, verfolgt die Wettkämpfe am Bildschirm oder auch vor Ort. Es fällt ihr schwer loszulassen. Ich bin stolz darauf, dass ich bei ihr trainieren durfte."

Keine Lust auf die „Besenstiel-Methode"
Der Anfang mit Inge

Oft habe ich mich in den letzten Jahren gefragt, wie das denn eigentlich angefangen hat mit Inge und mir. Inge Wischnewski ist auf Grund ihrer Lebenseinstellung und ihres optimistischen Wesens immer ein Vorbild für mich gewesen. Ich schätze sie, weil sie sich niemals aufgegeben hat, egal wie groß die Schicksalsschläge auch waren. Doch diese große Verehrung kam erst später. Zunächst hab ich mich wohl bis zum Äußersten gesträubt, in ihre Trainingsgruppe zu wechseln. Das muss im Jahre 1968 gewesen sein. Ich fühlte mich gut aufgehoben bei Brigitte Zeller. Sie hatte so ein freundliches Wesen, war zwar streng, aber sie hat aus meiner Erinnerung nie wirklich laut korrigiert, so dass die Kritik am Rande der Bande niemand hören konnte. Bei Inge war das anders. Das liegt aber aus heutiger Sicht an ihrem Temperament. Das Schlüsselerlebnis, warum ich partout nicht zu Inge wollte, war folgendes: Ich trainierte mit Brigitte Zeller auf der einen Seite der Eisbahn und genau gegenüber Inge Wischnewski mit Ralf Block, Henry Geske und Christian Greiner. Laufschule stand auf dem Programm. Das hieß, mit möglichst guter Haltung, geradem Rücken und geraden Armen, vorwärts und rückwärts zu übersetzen. Bei Christian Greiner wollte das nicht so richtig klappen. Immer wieder wurde er von Inge ermahnt, doch nicht so einen krummen Rücken zu machen. Christian bemühte sich, aber Inge war nicht zufrieden. Dann verließ sie ohne Worte die Eisbahn und kam nach kurzer Zeit wieder – mit einem Besenstiel in der Hand.

Christian wurde aufgefordert, den Besenstiel durch den Laufanzug von einem Arm zum anderen zu ziehen. Von weitem sah das für mich nicht gerade lustig aus. Aber eigentlich war das gar keine so schlechte Idee, denn Christian musste nun, ob er wollte oder nicht, einen geraden Rücken machen. So bekam er das Gefühl für eine „gute Haltung". Ich jedoch aus meiner Perspektive betrachtete die Situation mit der Aussicht, auch bald bei dieser Trainerin mit der „Besenstiel-Methode", trainieren zu müssen. Dazu hatte ich keine Lust, muss ich zugeben.

Andererseits wollte Inge mich eigentlich auch gar nicht haben. Sie hat mir noch jahrelang, als wir schon gemeinsam den ersten Europameistertitel 1973 in Köln erkämpft hatten, erzählt, dass ich immer, wenn sie von mir eine anstrengende Übung verlangt hat, so eigenartig mit dem Kopf gewackelt haben soll. So wie: „Nee, eigentlich ist mir das zu viel." Wahrscheinlich hatte Inge diese „Macke" bei mir von weitem beobachtet und vielleicht festgestellt, dass Biggi Zeller dann manchmal verständnisvoll etwas Anderes mit mir geübt hat.

So muss ich wohl öfter meinen Willen durchgesetzt haben. Inge meinte am Anfang, ich sei ein verwöhntes Einzelkind. Das mit dem Einzelkind stimmt, aber meine Eltern haben mich eigentlich immer nur unterstützt und mir Dinge abgenommen, die mich nach dem Training um meine Freizeit gebracht hätten. Ich musste zu Hause zum Beispiel nie den Mülleimer runterbringen. Meine Eltern

standen immer auf meiner Seite, das gab mir Kraft und machte mir Mut. Mein Vater ließ auf seine Tochter nichts kommen, da hat er sich dann auch schon mal mit Inge angelegt und mit anderen, selbst mit Funktionären aus dem Club. Also: Inge hatte 'ne Menge Gründe, nicht so begeistert von ihrem neuen Schützling zu sein. Da waren das ständige Problem mit dem

Gewicht (aber das hatten ja wohl fast alle), meine Trotzreaktionen, wenn es zu anstrengend wurde, meine Trainingsverweigerung, weil mir öfter etwas weh tat. Dass ich eine Kämpferin war und in schwierigen Situationen über mich hinaus wuchs, erkannte sie aber schnell, und so wurden wir doch noch ein unzertrennliches Paar. Vielleicht auch deshalb so unzertrennlich, weil wir ständig gegen den Wind kämpfen mussten. Der kam aus südlicher Richtung, hat uns aber „trotz alledem" nicht aus der Bahn geworfen. Inge und ich (und viele meiner Trainingskameraden) mussten schon einiges aushalten, doch die Begeisterung der Menschen und die Möglichkeit, ganz oben auf dem Weltmeistertreppchen anzukommen, hat uns gestärkt. Nach meinem 1. EM-Titel 1973, mit gerade Mal 16 Jahren, erhielt ich fast 10 000 Fanbriefe! Ich habe mit Hilfe meiner Mutti versucht, jeden persönlich zu beantworten, denn es hat mich bis ins Mark gerührt, was Menschen mir und meiner Trainerin schrieben, wie sie uns lobten, ob unserer Bescheidenheit und unseres natürlichen Auftretens. Viele Briefe besitze ich heute noch. Meine Eltern haben sie gehegt wie einen Schatz. ***CSE***

Welt- und Europameisterschaften, das Fernsehen und ein großer Moment in Venedig
Der lange Weg zum Glück

Irgendwie spielt „Tinchen" in vielen Geschichten dieses Buches ohnehin eine Rolle, ob als Vorbild der Kleinen, als Trainingskameradin oder als Freundin. Dennoch gibt es Lücken in ihrer Biografie, insbesondere über die Zeit kurz vor Beendigung ihrer aktiven Laufbahn als Eiskunstläuferin und danach. Das soll an dieser Stelle vervollständigt werden.

1975 wurde sie zum 3. Mal Europameisterin, das Olympiajahr 1976 sollte der Abschluss und die Krönung ihrer Laufbahn sein. Sie stürzte jedoch schwer bei einem Schaulaufen in Halle/Saale und musste sogar von der Eisbahn getragen werden. „Das war am Sonntag, den 16. November 1975", erinnert sie sich noch genau. Eigentlich wäre ihre Karriere an diesem Tag zu Ende gewesen, denn der Sturz hatte am rechten Fußgelenk eine komplizierte Verletzung hervorgerufen. Sie hat über die Zeit, die dann folgte, Tagebuch geführt.

Es waren Wochen, in denen sich Freunde und Feinde zeigten. Anfangs lag ich im Krankenhaus, bis Ende November. Ich denke, es hat niemand an mich geglaubt, außer meine Eltern, Inge Wischnewski, mein damaliger Freund, meine beste Freundin Marina Thieme und Dr. Erich Ahrendt. Er war Chefarzt der Sportmedizin und nicht nur ein toller Arzt, sondern auch ein großartiger Psychologe. Dr. Ahrendt

machte mir jeden Tag Mut, und als ich Anfang Dezember wieder mit dem Training begann, stand er fast jeden Tag früh um 7 Uhr mit an der Bande der Eisbahn, um mich aufzumuntern. Das war ziemlich schwer, weil ich nur trainieren konnte, nachdem ich meinen Fuß solange in einen Eiseimer gehalten hatte, bis er taub war. Sonst kam ich nicht in den Schlittschuh. Die Schmerzen, die ich anfangs beim Training hatte, sind nicht zu beschreiben, aber mich trieb der unbändige Wille, es doch noch zu schaffen und zu Olympia mitzufahren. Und einen anderen Grund gab es noch: Alle Medaillengewinner von Olympischen Spielen (Sommer und Winter) durften auf der „Arkona" als Auszeichnung eine Reise nach Kuba antreten. Damals unvorstellbar, so etwas erleben zu dürfen. Die Aussicht auf diese Reise hat mir irgendwie Flügel verliehen. Wochenlang trainierte ich sozusagen unter Ausschluss der Öffentlichkeit – mit Inge als starke Partnerin an meiner Seite, mit meinem Kummer im Herzen und mit der Hoffnung, dass vielleicht doch noch ein Wunder geschehen mag. Jeden Tag aufs Neue musste ich mich überwin-

den, um überhaupt in die Schlittschuhe zu kommen mit dem dicken Knöchel. Zum Glück ist mir erst später klar geworden, dass von offizieller Seite keiner einen Pfifferling auf mich gesetzt hatte.

Am 13. Dezember 1975 fand die Kür der Damen zu den DDR-Meisterschaften statt. Ich musste mir den Wettkampf am Fernseher anschauen und konnte nicht glauben, was ich da sah: Anett Pötzsch, Schützling von Jutta Müller, wurde Meisterin mit einer Preisrichter-Bewertung wie ich sie niemals zuvor bekommen hatte; darunter auch die damalige Höchstnote 6,0. Wenn nicht meine Eltern und Freunde mir Mut gemacht hätten, nicht aufzugeben, wäre das mein letzter Tag als Eiskunstläuferin gewesen, denn es war ja eigentlich klar, wer vom Verband unterstützt wurde. Bei meinem Training hat sich kaum einer blicken lassen, geschweige denn gute Worte der Aufmunterung fallen gelassen. Der Form halber gab man mir aber eine Chance. Ich sollte am 5. Januar 1976 vor den versammelten Funktionären, etwa 20 Personen des Eislaufverbandes und der Leitung des DTSB mit Manfred Ewald an der Spitze, „vorlaufen". Ich hatte seit meinem Sturz keinen Wettkampf bestreiten können, die Nerven lagen blank, denn nach meiner Kür sollte entschieden werden, ob ich zu Olympia nominiert werde oder nicht. Der Druck dieses Augenblicks ist nicht zu beschreiben. Die Kür dauerte 4 Minuten, vielleicht die schlimmsten 4 Minuten meines Lebens. Ich stürzte vier Mal und sah alle meine Felle davon schwimmen.

Danach gab es eine „Auswertung", an der ich nicht teilnehmen durfte. So ist mir nur erzählt worden, dass Manfred Ewald für die Nominierung stimmte. Dann durfte ich in die Runde treten. Herr Ewald teilte mir mit, dass ich in die Olympia-Mannschaft der DDR für die Olympischen Winterspiele 1976 in Innsbruck nur dann aufgenommen werde, wenn ich mich hier und vor versammelter Mannschaft dazu verpflichte, nach der Olympiasaison weiter zu laufen. Welche Antwort hätte ein anderer Sportler an meiner Stelle gegeben? Natürlich sagte ich

ja, aber mein Unterbewusstsein signalisierte mir, dass das etwas mit Erpressung zu tun hatte. Ich schaffte innerhalb von wenigen Wochen die Form meines Lebens. Was meine Trainerin und ich in dieser Zeit geleistet haben, könnte man ohne Übertreibung mit überdurchschnittlich beschreiben. Vor den Olympischen Spielen fanden in Genf die Europameisterschaften statt. Hier spielten mir meine Nerven einen Streich. Ich wurde „nur" Dritte hinter Dianne de Leeuw aus Holland und Anett Pötzsch. Diese Platzierung (obwohl ich da schon dreifache Europameisterin und Weltmeisterin war) hatte zur Folge, dass meine Trainerin bei Olympia nicht offiziell als Trainerin akkreditiert wurde. Inge Wischnewski durfte nicht im Olympischen Dorf wohnen. Wir hatten nur beim Training Kontakt. Ich wurde offiziell von Jutta Müller betreut, die mit Anett Pötzsch und Marion Weber zwei Läuferinnen am Start hatte. Wie wichtig ein Trainer in so einer schwierigen Situation ist, brauche ich nicht zu erläutern. Mein Vater hat zu mir gesagt: „Tina, mach Dich richtig wütend und dann klappt das schon." Das Motto stimmte. Ich war richtig wütend über die Situation, puschte mich sozusagen täglich hoch und übernahm das Motto von Inge Wischnewski: „Trotz alledem". Niemand, der mich damals beim Training in Innsbruck beobachtet hat, wird abstreiten, dass ich die beste Form meines Lebens hatte. Wenn die Noten im Training vergeben worden wären, hätte ich die Höchstnoten bekommen und die Goldmedaille errungen. Doch ich spürte, dass da Dinge im Busch waren, die sich gegen mich richteten. Nach der Pflicht hatte mich die DDR-Preisrichterin auf einem Platz außerhalb der Medaillenränge eingeordnet. Die eigene Preisrichterin verhielt sich also nach dem Motto „Eis GUNST laufen" – die Gunst der eigenen Leute hatte ich nicht. Nur meinem ausgesprochenen Kampfgeist, der Aufmunterung meiner Trainerin und den Berliner Sportkollegen habe ich es zu verdanken, dass

ich nicht noch vor der Kür die Flinte ins Korn warf. Um es vorweg zu nehmen, es wurde nicht die Kür meines Lebens, aber ich riskierte viel. Eine Medaille blieb selbst in diesem Moment noch mein Ziel. Ich  *stürzte einmal bei einem einfachen Sprung, den ich sonst im Schlaf beherrschte, aber ich kämpfte bis zur letzten Sekunde. Und das wurde belohnt. Als die Monitore die Ergebnisse zeigten, konnten Frau Wischnewski und ich – auch noch ein paar andere, aber aus anderen Gründen – nicht fassen, was da stand: „3. Platz – Christine Errath." (hinter Dorothy Hamill USA und Dianne de Leeuw/ Holland). Vierte wurde Anett Pötzsch. Das erste, was ich zu Inge sagte, weiß ich noch heute, nach 34 Jahren: „Frau Wischnewski, jetzt fahren wir nach Kuba." Doch es kam anders.*

CHRISTINE ERRATH

Christine
auf dem Eis –
und jeder weiß,
nun schwebt
über die Szenerie
ein Traum von Harmonie
und glüht
in Schwüngen
und sprüht
in Sprüngen
und löst sich auf
in weichem Schweben.
Sogar im Heben
der Arme
ist noch Musik,
und
Schauendürfen ist Glück.
Nachher das liebe Gesicht –
nur glücklich und froh,
und überhaupt gar nicht
stolz oder so ...
    Warum ich das schrieb?
    Weil – nun, ein jeder hat sie lieb!

*Nachdem ich 1976 noch einmal Vizeweltmeisterin wurde, diesmal mit einer Traumkür und schon zwei dreifachen Sprüngen im Programm, merkte ich, dass mein Fuß all die Strapazen nicht gut überstanden hatte. Mir war außerdem klar geworden, dass ich weder die Verbandsfunktionäre, noch die eigenen Preisrichter auf meiner Seite habe. Gegen Windmühlenflügel zu kämpfen hatte ich lange genug versucht, aber wenn man sich im Sport leistungsmäßig nicht mehr steigern kann, und das konnte ich nicht mit einem kaputten Fuß, sollte man aufhören. Das tat ich dann auch, allerdings aus eigenem Entschluss und ohne die Erlaubnis der Funktionäre. Am 10. Mai 1976 teilte ich der Clubleitung vom SC Dynamo mit, dass ich aus gesundheitlichen Gründen und weil ich denke, dass niemand an mich glaubt, mit dem Sport aufhören werde.
Am 16. Juli 1976 erfuhren Romy Kermer, Rolf Oesterreich und ich in einem Gespräch mit dem Generalsekretär des Eislaufverbandes, Jochen Grünwald, dass wir nicht mit auf die Kubareise genommen werden. Begründung:*

„Wer seine Verpflichtungen dem DTSB gegenüber nicht erfüllt, der kann auch nicht erwarten, dass der DTSB seine Verpflichtungen erfüllt." Ich erinnerte mich an den 5. Januar des Jahres und wusste, dass ich erpresst worden war – eine Welt brach zusammen. Es folgten schwere Monate, in denen ich erfahren musste, dass derjenige, der die Regeln des Systems nicht befolgt, den Kürzeren zieht. Mein Name erschien immer seltener im Zusammenhang mit dem Eiskunstlaufen. Zeitweise vergaß man mich sogar überhaupt zu erwähnen. Ich hatte den Eindruck, wie jemand behandelt zu werden, der die Republik verlassen wollte. Mein Weltbild war erschüttert. Ich war damals 19 Jahre alt.

Von der Eisläuferin zur Germanistin und Fernseh-Journalistin

1978 legte Christine ihr Abitur mit Auszeichnung ab; Notendurchschnitt 1,0 (!) Danach begann sie ein einjähriges Volontariat beim DDR-Sportfernsehen. Sie wollte ja Reporter oder Journalistin werden – und das schon seit ihrem 9. Lebensjahr. Doch für das Journalistik-Studium hätte sie nach Leipzig ziehen müssen. Als waschechte Berlinerin wollte sie aber in der Heimat bleiben und bewarb sich hier 1980 für den Studiengang Germanistik. Deutsche Sprache und Literatur hatten sie schon immer interessiert.

Um abzutrainieren, hatte sie begonnen, Tennis zu spielen. Beim Tennis lernte sie ihren späteren Mann Ulrich Trettin, den mehrfachen DDR-Tennismeister, kennen. Zwei Kinder sind aus der Ehe, die 2004 geschieden wurde, hervorgegangen, Jenny, heute (29) und Marcus (26). Beide wurden während ihres Studiums geboren. Christine studierte, die Familie baute ein Haus und gleichzeitig trat sie in der Eisrevue

des neuen Friedrichstadtpalastes auf, der 1984 eröffnet wurde. Das Studium dauerte fünf Jahre, 1986 war Christine „Diplom-Germanistin". Genau in diesem Jahr entwickelte das DDR-Kinderfernsehen eine Sportsendung, die live ausgestrahlt wurde. Man schlug Christine als Moderatorin für „Top fit" vor. Die Sendung war ihr wie auf den Leib geschneidert. Sie war sportlich, konnte gut mit Kindern umgehen und hatte den Mut, sich live auch mal „zu versprechen". Dennoch blieb der Traum, als Reporterin zu arbeiten. „Das war größenwahnsinnig, weil ich weder die sprachlichen Voraussetzungen noch

die Erfahrungen dafür hatte", sagt sie heute. Sie versuchte es trotzdem. An der Seite von Heinz Florian Oertel konnte sie viel lernen. Sie wurde dann jedoch nur bei zwei Meisterschaften eingesetzt: 1988 durfte sie als Reporterin das abschließende Siegerinterview mit Katarina Witt führen. Auch bei der Sendung „Halbzeit" moderierte sie regelmäßig sowie in den Pausen von Live-
Übertragungen der Eiskunstlaufmeisterschaften. Zu DDR-Zeiten waren Eislaufübertragungen Straßenfeger. Millionen schauten zu. Zu ihren Kollegen in der Sportredaktion gehörten damals Maybritt Illner, Dirk Thiele (heute Eurosport) und Joachim Schröter (heute MDR). Christine war nicht angestellt, sondern freiberuflich tätig. Das Kindersportmagazin konnte sich sehen lassen. „Wir waren in der Kinderredaktion mutig und beschäftigten uns auch mit Sportarten wie Bodybuilding und Kunstradfahren. Als prominente Gäste konnte ich tolle Sportler gewinnen wie Henry Maske, Kristin Otto, Christian Schenk, Olaf Ludwig oder Jens Weißflog."
Christines „Jahresendprojekt" 1989 war die Kindereisrevue „Jahrmarkt auf dem

Eis". Sie wurde ein großer Erfolg. Neben der Moderation trat sie auch auf und schrieb die Texte. „Die Requisiteure sagten mir, dass die Kulisse danach verschrottet werden müsse. Das konnte ich nicht fassen. Kurzerhand lagerte ich die Dekoration in der Garage meiner Eltern ein und zum Jahresende 1989 sagten wir Ossi-Eiskunstläufer im Berliner Wedding auf dem Eis Dankeschön für all die herzlichen Gesten, die uns die Wessis nach dem 9. November entgegengebracht hatten. Das hat nur geklappt, weil mich der damalige Präsident des EHC Preußen, Hermann Windler, als Sponsor unterstützt hat. Jedenfalls kamen unglaublich viele Zuschauer und die Begeisterung war groß." So reifte damals die Idee einer Berliner Eisrevue. Das war immer der Traum aller DDR-Eiskunstläufer gewesen. „Gemeinsam mit Heidi Steiner-Walther vereinten wir die erfolgreichsten Berliner Eiskunstläufer in der Berliner Eisshow. Es war eine so spannende Zeit, dass es sich lohnen würde, allein darüber ein Buch zu schreiben. Doch in der Noch-DDR der Wendezeit hatten die Leute mehr Interesse daran, Bananen und all die anderen exotischen Dinge zu kaufen, als in die Eishalle zu gehen. Wir waren zur falschen Zeit am falschen Ort. Aber es ergab sich die Chance, mit Norbert Schramm, der von Oberstdorf aus ähnliche Shows veranstaltete, zu kooperieren. Das taten wir auch drei erfolgreiche Jahre lang, traten selbst in der Schweiz mit Denise Biellmann auf."

Beruflich gab es in jener Zeit einen harten Schnitt. Christine hatte zwar für die Kindersendung Steffi Graf gewinnen können, moderierte die erste gemeinsame Sportkindershow mit Michael Schanze und brachte für „Top Fit" sogar Walter Momper vor die Kamera, aber es half nichts: Das Kinderfernsehen wurde zuerst abgewickelt. Nach 49 Sendungen war Schluss. Viele ihrer Kollegen sahen sich schnell bei den neuen dritten Programmen um. Christine sagte man in der Sportredaktion, dass die Zuschauer „DDR-belastete Gesichter" nicht mehr sehen wollten und man sich für die Sportart Eiskunstlaufen um so beliebte Moderatoren wie Ingrid Wendel aus Österreich bemühen werde. Für Christine war das wie ein Schlag ins Gesicht, hatte sie doch stets gekämpft und sich engagiert. Nun wollten die Menschen nichts mehr von ihr wissen? Sie empfand es wie ein Wunder, als eines Abends im Jahr 1991 das Telefon klingelte und Hans-Joachim Wolfram sie fragte, ob sie in den nächsten Monaten etwas vor hätte. Hatte sie nicht. So ging sie für 100 Shows als Co-Moderatorin auf eine Postwerbetournee, ein Jahr später noch einmal zur Einführung der neuen Postleitzahlen. „Die Leute haben mich gedrückt und sich gefreut, mich wiederzusehen. Es kam beruflich wieder Schwung in mein Leben. Allerdings war ich nun ständig unterwegs und mein Gewissen plagte mich, weil ich mich nicht regelmäßig um meine Kinder kümmern konnte. Es war eine Zerreißprobe."

Von „Außenseiter – Spitzenreiter" zu Paul – Tines persönlichem „Spitzenreiter"

Nach der Posttournee folgten dann noch 15 Jahre „Außenseiter-Spitzenreiter". Diese Sendung zu moderieren, machte ihr großen Spaß. Doch wie Leistungssportler sind – es musste immer alles perfekt sein, jede kleine Kritik bedeutete für sie eine Katastrophe. Auch war sie die einzige Frau im Team und ihr Chef, dem die Produktionsfirma gehörte, ließ nichts durchgehen, was nicht seinen Vorstellungen entsprach. „Mein Streben nach besten Leistungen, meine Unfähigkeit NEIN sagen zu können und die Tatsache, kaum Freizeit und Muse zur Entspannung zu haben, führten 2007 zum gesundheitlichen Kollaps", blickt Christine auf diese für sie harte Zeit zurück. Doch zum Glück war sie zu diesem Zeitpunkt schon der Liebe ihres Lebens begegnet – ihrem Paul. Die beiden heirateten 2006, nur wenige Monate, nachdem sie sich per Zufall wieder getroffen hatten. Paul war nämlich in früheren Zeiten der Kieferorthopäde von Jenny und Marcus.

„In Venedig schlossen wir den Bund fürs Leben, in einer romantischen Zeremonie im Standesamt nahe der Rialtobrücke. Es war ein Traum. Ich schenkte meinem Mann einen Stern. Der heißt Paul und liegt im Sternbild Wassermann. Das ist das Mindeste, was ich tun konnte, denn er legt mir die Welt zu Füßen. Wir sind nun zu fünft mit Pauls Tochter Fanny, mit Jenny und Marcus. Alle verstehen sich gut – ein großes Glück." Jenny hat in den USA studiert, bekam dort ein Stipendium, weil sie eine sehr gute Tennisspielerin ist, dank ihres Vaters. Ihre Karriere führte sie über London nach Berlin in die O_2-World, wo sie im Marketing sehr kreativ und erfolgreich ist. Jenny ist nicht nur Christines Tochter, sondern auch ihre Ratgeberin. Gleichzeitig ist sie für Fanny eine echte Freundin, beide verstehen sich super. Fanny befindet sich in der Ausbildung zur Ergotherapeutin. Mit ihrer Geduld und ihrem Einfühlungsvermögen ist sie bei allen beliebt. Marcus hat einen ganz ausgefallenen Beruf erwählt. Schule war nicht so sein Ding, aber in Informatik hatte er meistens eine Eins. Zunächst absolvierte er mit 17 ein Studium zum Webdesigner, dann erfüllte er sich seinen Traum und wurde „games artist". Den Traumjob sucht er noch, aber mit seiner Abschlussarbeit belegten er und sein Team 2007 Platz 1 in der Kategorie „games load newcomer award" beim Deutschen Entwicklerpreis.

Dr. Paul Stüber brachte Christines Leben wieder in Ordnung. „Er fing mich auf und steht mir zur Seite, er bedeutet für mich die andere Hälfte, ohne ihn wäre ich nur halb. Ohne ihn hätte diese Geschichte vielleicht kein Happy End. Ohne ihn würde es dieses Buch wahrscheinlich auch nicht geben, denn er war es, der, nachdem ich ihm aus meinem Leben erzählt hatte, meinte: Schreib doch mal ein Buch." **ID**

Abb.: Spartakiade 1967; Mutter Errath nähte alle Kostüme, Weltmeisterin 1974 in München; Glück für einen Fotografen bei der WM 1973, Freiluft-Training Innsbruck 1976; Olympia-Bronze, Gerhard und Friedel Elmer aus Görlitz gratulieren per Gedicht; bei der Eisrevue im Friedrichstadtpalast 1985; Fernseh-Arbeit im Studio und beim Interview; zur Hochzeit in Venedig, die drei Kinder.

Von Rostock über Dresden nach Berlin
Rolf Oesterreich – genannt Öse

Am 28. November 1957 wird Rolf Oesterreich 5 Jahre alt. In Rostock zeigt das Thermometer 2 Grad unter Null. Am Vormittag hatte die Mutter von Rolf mit zwei anderen Müttern aus dem Haus im Hansaviertel, wo die Oesterreichs wohnten, darüber gesprochen, was sie denn mit ihren Jungs in diesem Winter unternehmen könnten. Da Rolf an diesem Tag Geburtstag hatte, schlug Frau Oesterreich vor, mit den Jungs in den nächsten Tagen auf die nahe gelegene Spritzeisbahn zu gehen.

An diesem 28. November konnte Frau Oesterreich nicht ahnen, dass sie mit ihrem Vorschlag den Startschuss für die erfolgreiche Eiskunstlaufkarriere ihres Sohnes gegeben hatte, obwohl, wie sich später herausstellte, Rolf viel lieber Fußballer geworden wäre.

Anfangs gingen die drei Jungen aus dem Haus noch gemeinsam zur Spritzeisbahn, Rolf hatte aber nicht so die richtige Lust und als es dann Frühjahr wurde, zog es ihn immer öfter zum Training der Fußballer des SC Empor Rostock. Es ist nur Annemarie Halbach, einer Eiskunstlauftrainerin aus Dresden, zu verdanken, dass sich Rolf trotzdem immer wieder bei den Eiskunstläufern sehen ließ. Frau Halbach hatte sofort erkannt, dass in dem fünfjährigen smarten Jungen ein Talent steckte (sie war später auch diejenige, die in Dresden Jan Hoffmann entdeckte). Annemarie Halbach lobte Rolf sozusagen vorwärts, spornte ihn immer wieder an, das Training auf der Eisbahn trotz Fußball nicht aufzugeben. Rolf erkannte schon in jungen Jahren, wer es ehrlich mit ihm meinte. Und auf Frau Halbach konnte er sich verlassen. Deshalb folgte er ihr auch nach Dresden, als sie dorthin zurück kehrte. Eine Saison lang trainierte Rolf bei Frau Halbach (1963). Er wohnte sogar bei ihr zu Hause und fühlte sich dort wohl. Sie war für kuze Zeit für den Jungen von der Küste zur Ersatzmutter geworden. Doch Rolf fand auch schnell Freunde wie Uwe Kagelmann, mit dem er trainierte. Bei den Kagelmanns zu Hause ging Rolf bald ein und aus. Uwe und Rolf verstanden sich wirklich gut, und das sollte lange so bleiben.

Im Sommer 1963 kehrte Rolf zunächst nach Rostock zurück. Doch durch die Fürsprache von Frau Halbach, die eine Freundin von Inge Wischnewski war, sollte er kurze Zeit darauf die Chance bekommen, zu der damals schon sehr erfolgreichen jungen Trainerin nach Berlin zu gehen. So packte Rolf mit gerade einmal 11 Jahren erneut seine Koffer, allerdings mit gemischten Gefühlen, denn er musste in Berlin ins Sportinternat einziehen. Beim SC Dynamo Berlin hatte er die Chance, mit dem ebenfalls in Rostock geborenen Ralph Borghard zu trainieren. Berlin wurde für viele Jahre seine zweite Heimat. Bis er sich dort wohl fühlte, verging einige Zeit. Erst als im Frühjahr 1964 auch Uwe Kagelmann nach Berlin übersiedelte, kam „Stimmung in die Bude".

Rolf erreichte dann als Paarläufer fast alle sportlichen Höhen. Nachdem er zunächst mit Marlies Radunski Erfolge feierte, konnte er mit seiner späteren Partnerin Romy Kermer über Jahre das internationale Spitzenniveau im Paarlaufen mitbestimmen. Rolf und „Kermy" waren **das** DDR-Traumpaar der Siebziger, sportlich wie privat: Silber bei den Olympischen Winterspielen 1976 in Innsbruck, dreimal Vize-Europameister, zweimal Vizeweltmeister. Das alles gelang ihnen gemeinsam mit ihrer langjährigen Trainerin Heidemarie Steiner-Walther.

1976, am Ende der Laufbahn von Rolf und Romy, zeigte das Sportsystem der DDR noch einmal sein wahres Gesicht. Weil beide auf eigene Entscheidung mit dem Eiskunstlaufen aufhören wollten, sozusagen ohne Genehmigung des DTSB und DDR-Eislaufverbandes, zogen die Funktionäre wieder einmal ihr Strafenregister. Rolf und Romy durften nicht an einer Auszeichnungsreise für alle Medaillengewinner der Olympischen Sommer- und Winterspiele nach Kuba teilnehmen.

Rolf, der als Kind das Meer und seine Ostsee liebte, haben es nunmehr die Berge angetan. Als Eislauftrainer arbeitet er in Arosa in der Schweiz und hat seine Begeisterung für Snowboard entdeckt. Im Sommer spielt er Golf. Überhaupt ist er für alle Sportarten zu begeistern, die man aus eigener Kraft und im Einklang mit der Natur ausüben kann. Im Jahr 2009 ist er Vater geworden. Sein Sohn heißt Max, und seine Silvia hat ihn damit „zum glücklichsten Mann der Welt" gemacht. *CSE*

Abb.: Rolf Oesterreich kam 1963 von Rostock zum SC Dynamo Berlin; mit seiner späteren Lauf-Partnerin Romy Kermer aus Karl-Marx-Stadt gewann er die Silbermedaille bei den Olympischen Spielen 1976 in Innsbruck (Bild vom Kürlauf).

„Basta!" – Wie sich Vater Kagelmann gegen die Verbandsfunktionäre durchsetzte
Uwe Kagelmann – genannt Kagelfried

Uwe ist zwei Jahre älter als Rolf. Beide waren aber vom gleichen Kaliber, sowohl in ihrem sportlichen Ehrgeiz, als auch in dem Punkt, öfter mal über die Stränge zu schlagen. Was den Vorteil hatte, dass beide nicht immer alles so furchtbar ernst genommen haben. Es war ihnen wichtiger, auch das Leben außerhalb der Eislaufhalle und des Zimmers im Internat kennen zu lernen. Dafür stiegen sie dann auch schon mal mitten in der Nacht durchs Internatsfenster ein. Aber der Reihe nach. Uwe wurde 1950 in Dresden geboren. Mit 5 Jahren begann er zunächst mit dem

Rollkunstlaufen, im Winter kamen die Kufen an die Füße. War alles nur ein Versuch. Mutter und Vater Kagelmann erfuhren aber bald, dass im Eiskunstlauf begeisterten Dresden viele großartige Trainer arbeiteten. Unzählige Talente kamen damals und heute aus Dresden. Jan Hoffmann war einer von ihnen. Das Schlittschuhlaufen erlernte er ebenfalls durch die von allen Sportlern geschätzte Annemarie Halbach. Doch wie fast jedes Talent aus Dresden sollte auch er irgendwann nach Karl-Marx-Stadt zu Jutta Müller wechseln. Das ist insofern interessant, weil es bei Uwe Kagelmann anders kam – ganz anders. Erst 1960 wurde in Dresden die erste Kunsteislaufbahn fertig gestellt. Zwar hatte diese noch kein Dach, aber das tat der Freude am Training keinen Abbruch. Denn es wurden nicht nur die Pflichtbögen, Sprünge und Pirouetten geübt. Auch der Spaßfaktor kam beim Training nicht zu kurz. In Dresden wurden der Junge aus Rostock, genannt „Öse", und der Dresdner, genannt „Kagelfried", dicke Freunde. Sie liefen auf dem Eis sozusagen um die Wette, aber nicht, um sich auszustechen, sondern, um sich zu beweisen. Wunderbar zu wissen, dass diese Freundschaft anhält, auch wenn beide heute an ganz unterschiedlichen Orten leben. Wie schon erwähnt ging Rolf zunächst nach Rostock zurück. Uwe machte das Training in Dresden nun weniger Freude. Die kleinen Späße, die sich die beiden so ausgedacht hatten (z.b. Schneeballweitwurf, anstatt Doppeldreierparagraph) fehlten Uwe irgendwie. Er fühlte sich weniger angespornt, obwohl sich Frau Halbach alle Mühe gab. Dass die Talente aus Dresden nach Karl-Marx-Stadt „delegiert" wurden, war auch Uwe bekannt. Er würde aus Liebe zum Eiskunstlaufen auch von zu Hause weg gehen, sagte er damals zu seinem Vater. Doch wenn, dann nur nach Berlin zum SC Dynamo. Uwe hatte nämlich gehört, dass Rolf zu Inge Wischnewski wechseln wollte. Doch so einfach war das damals nicht. Man benötigte die Genehmigung des Eislaufverbandes, und der bestand darauf, dass Uwe bei Jutta Müller beim SC Karl-Marx-Stadt trainieren sollte. Aber der Eislaufverband wusste nicht, dass Vater Kagelmann Volkspolizist war. Als es nun zu der entscheidenden Aussprache mit dem Eislaufverband kam, sagte Vater Kagelmann zum Generalsekretär des Verbandes, Jochen Grünwald, folgendes: „Ich bin jetzt seit 17 Jahren Volkspolizist und deshalb trainiert mein Sohn beim SC Dynamo Berlin, Basta!"

So passierte das Unmögliche – Uwe durfte 1964 nach Berlin, zum SC Dynamo in die Trainingsgruppe von Inge Wischnewski. Er kam etwa drei Monate nach Rolf in Berlin an. Das Zimmer, in das er zunächst mit Rolf einzog, lag in der Waldowstraße in Berlin-Hohenschönhausen. Dort befand sich damals das erste Sportinternat – ein Mädchenheim!
Uwe beschreibt nach 35 Jahren die damalige Situation so: *„Eigentlich war das ja große Klasse. Wir wohnten Wand an Wand mit dem anderen Geschlecht, für das wir uns ja langsam mit damals 11 bzw. 13 Jahren anfingen zu interessieren. Inge Wischnewski hat es natürlich nicht gefallen, dass wir offenbar vor allem die Mädchen und nicht das Training im Kopf hatten. Wir wurden oft ermahnt, uns „ordentlich" zu benehmen. Irgendwie ist uns das nicht gelungen, denn schon nach kurzer Zeit mussten wir umziehen. Man hatte direkt im Sportforum ein neues Internat eröffnet. Der Vorteil war, wir brauchten nur zweimal umzufallen und befanden uns in der Eishalle. Zur Schule in der Kopenhagener Straße war es allerdings weit. Einige Zeit ging alles ganz gut, bis wir dann so 14 und 16 Jahre alt waren und nicht mehr pünktlich um 20 Uhr auf dem Zimmer sein wollten.*
Wir sind ziemlich oft „ausgebüxst", und oft gab es deswegen Ärger. Als wir einmal erst um 1 Uhr nachts durch das Zimmerfenster kletterten und erwischt wurden, mussten wir erneut umziehen. Auf die Weise haben wir wohl alle Sportinternate in Berlin kennen gelernt."

Das klingt zunächst vielleicht spaßig, war es aber ganz und gar nicht. Wer die Disziplin und die Internatsordnung nicht einhielt, lief sogar Gefahr, von Wettkämpfen ausgeschlossen zu werden. Wenn man dann noch (wie v.a. Rolf) den Mut aufbrachte, den Funktionären vom Verband und vom Club seine Meinung über manch sinnlose Dinge oder Ungerechtigkeiten ins Gesicht zu sagen, dann stand man unter besonderer Beobachtung oder musste auf Meisterschaften verzichten. Es wurde ja nicht immer der Beste geschickt, sondern der, der auch „passte", den Funktionären passte. Inge Wischnewski versuchte da oft einzulenken. Auch Rolfs spätere Paarlauftrainerin Heidemarie Steiner-Walther verstand die Kunst der Diplomatie, was Rolf noch heute zu schätzen weiß. Inge ergriff stets, oft zum eigenen Nachteil, die Partei ihrer Sportler. Das hat sie immer ausgezeichnet. Vor Enttäuschungen hat sie das jedoch nicht geschützt. 1966 wechselte der Trainingskollege

von Uwe und Rolf, der damalige DDR-Meister Ralph Borghard, die Seite von Ost nach West, startete ab 1967 für die Düsseldorfer EG. Für Inge war das ein schwerer Schlag. Sie hatte Ralph Borghard immer ihr Vertrauen geschenkt. Die „Republikflucht" von Ralph Borghard und ihres damals erfolgreichsten Schützlings Bodo Bockenauer hatte zur Folge, dass Inge alle ihre talentierten Sportler abgeben musste. Uwe zum Beispiel trainierte kurz bei Annemarie Kusche, wurde dann Paarläufer; zunächst bei Ernst Weidlich, dann bei Heinz Lindner. Mit Manuela Groß als Partnerin und Heinz als Trainer startete das Paar Groß/ Kagelmann 1969, als Manja gerade 12 Jahre alt war, das erste Mal bei Europameisterschaften. Sie landeten auf Anhieb auf dem 7. Platz. 1971 wurden sie DDR-Meister. Mit zweimal Bronze 1972 und 1976 bei den Olympischen Spielen, mehrfachen Medaillenerfolgen bei Europa- und Weltmeisterschaften gehören Manuela Groß und Uwe Kagelmann zu den international erfolgreichsten deutschen Paaren.

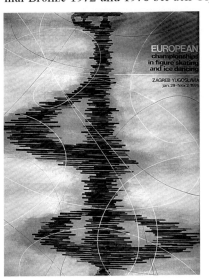

Uwe lebt heute in Österreich und ist ein erfolgreicher Eiskunstlauftrainer. Er konnte mit seiner Frau Gabi vor kurzem Silberhochzeit feiern. Ihre Tochter Nadine zählt bereits 28 Lenze. Donnerstags trifft man Uwe beim Snooker. Diesen Sport betreibt er mit großem Ehrgeiz. Der Kontakt zu Rolf ist nie abgebrochen, auch wenn beide sich heute nicht mehr so oft sehen. ***ID***

Abb.: Uwe Kagelmann begann als Einzelläufer; Uwe Kagelmann & Manuela Groß wurden 1971 DDR-Meister; holten 1976 Olympia-Bronze; Uwe ist heute Trainer in Österreich, doch seine Zeit beim SC Dynamo prägte ihn, sie führte ihn mit seiner Paarlaufpartnerin u.a. 1974 auch zur Europameisterschaft nach Zagreb.

Schon mit 11 Jahren in der Meisterklasse
Ralf Richter – genannt Pelle

„Wanted Ralf Richter!" – Eine kleine Vorgeschichte
Dass Ralf, bis 1992 Kriminalbeamter, selbst einmal auf einer „Fahndungsliste" stehen würde, hätte er wohl nie geglaubt. Aber da hat er nicht mit dem Ehrgeiz seiner früheren Eiskunstlaufkollegin Christine gerechnet. Auf der Adressliste der „Ehemaligen", in Vorbereitung dieses Buches von Christine akribisch zusammen getragen, fehlte nur eine Adresse. Seine! Weder per Internet und Telefonbuch, noch mittels Adressbüchern der anderen Sportler konnte diese ermittelt werden. Sogar das Einwohnermeldeamt sah sich außerstande. Das einzige, was man wusste, war, dass Ralf bis kurz nach der Wende bei der Polizei tätig war. Die clevere Christine kontaktierte also die Pressestelle der Berliner Polizei. Doch auch dort konnte man nicht weiterhelfen. Zwar gab es einen Ralf Richter, aber der war es nicht. Christine löcherte die Kollegen weiter. Sie wurde auf die Brandenburger und die Bundespolizeistelle verwiesen. Christine muss wohl sehr verzweifelt geklungen haben, jedenfalls recherchierten die Berliner Presseleute weiter und eines Tages kam der

erlösende Anruf: Man habe den Gesuchten gefunden. Aus Datenschutzgründen hatte Christine Ralfs Adresse aber immer noch nicht in der Hand, war auf einen Rückruf von ihm angewiesen. „Zehn Minuten, nachdem mich die Pressestelle angerufen hatte, rief ich bei Christine an und wir fanden endlich zusammen", erzählt Ralf, als ich ihn an einem trüben Novembertag am Alex treffe. Er kam aus Lichterfelde, wo er seit einigen Jahren mit seiner Frau wohnt, nachdem die Marzahner Wohnung nach dem Auszug der beiden Kinder zu groß geworden war. Erkannt hätte ich den inzwischen 54-Jährigen am „Treffpunkt" Kartoffelhaus nicht. Hatte ich doch das Foto eines smarten, schlanken Jünglings von 14 vor Augen. Nun ja, sagen wir, er ist ein wenig reifer geworden, fülliger wohl auch. Doch er ist noch genau so sympathisch, wie ihn mir seine einstigen Trainingskollegen beschrieben hatten. Ein Klick aufs Handy zerstreute dann jeglichen Zweifel. Der „steckbrieflich" Gesuchte stand leibhaftig vor mir.

„Könner auf Kufen" titelte 1969 ein Artikel in einer TV-Zeitschrift über den Berliner Dynamo-Läufer Ralf Richter. Ralf war gerade 14 und zeigte in seiner Kür -zig Doppel- und drei Dreifachsprünge. Weltweit war er nach dem Kanadier Donald Jackson (Weltmeister 1962) der Zweite, der den dreifachen Lutz sprang. Mit diesen Leistungen gehörte er zur damaligen Zeit eigentlich zur internationalen Spitzenklasse. Sogar die Traumnote 6,0 zog im Dezember 69 ein Preisrichter bei einem internationalen Wettbewerb in Moskau. Schaut man sich aber die Teilnehmerlisten der Europa- oder Weltmeisterschaften an, fehlt sein Name bis auf eine Ausnahme. Das ist wohl nicht allein seinen nicht gerade berauschenden Ergebnissen in der Pflicht geschuldet. Mit den beiden Läufern vom SC Karl-Marx-Stadt, Günter Zöller (ab 1967) und Jan Hoffmann (ab 1969) hatte er eine starke Konkurrenz.

Mit ihren Gesamtnoten nach Pflicht und Kür lagen sie bei DDR-Meisterschaften immer vor ihm. Drei Mal landete Ralf bei DDR-Meisterschaften auf dem 3. Platz (1968, 69 und 70), ein Mal auf dem 2. Rang (1971). Nur ein Mal durfte er an Europameisterschaften teilnehmen – 1970 in Leningrad. Er kam auf den 13. Platz, lief aber die sechstbeste Kür aller Teilnehmer. Zur EM in Garmisch 1969 wurde er nicht nominiert. Dabei gehörte er schon 1967/68 zur Nationalmannschaft und sollte an den Olympischen Spielen in Grenoble teilnehmen. Er habe den Vorwettkampf gut absolviert und seine Olympiakleidung war schon in Auftrag gegeben, erinnert sich Ralf. Doch plötzlich hieß es, seine Kondition sei schlecht. „Jan Hoffmann, der einen Wachstumsschub hatte, passte nicht mehr in seine Olympiakleidung. Er bekam meine. Jan hatte daran natürlich keine Schuld. Wir waren befreundet, wohnten oft gemeinsam in einem Zimmer, ich mochte ihn."

Angefangen hatte alles Anfang 1961. „Wir wohnten in Baumschulenweg und meine Mutter brachte mich mit knapp sechs Jahren zum damaligen Sportclub Einheit Berliner Bär, aus dem dann der TSC wurde. Meine erste Trainerin war noch Charlotte Giebelmann, bei der schon Frau Wischnewski Anfang der 50-er Jahre trainiert

hatte." Von der 3. Klasse an besuchte Ralf die Sportschule an der Bötzowstraße. „Meine Mutter setzte mich jeden Morgen an der Warschauer Straße in die Straßenbahn Nr. 4 und ich fuhr bis zum Stierbrunnen", weiß er noch heute.
Sein zweiter Trainer war Ernst Weidlich, dann kam er zu Dorothea Söchting. Da hatte er, quasi im Eiltempo, schon alle Leistungsstufen bis zur Meisterklasse absolviert. „Als sie Verbandstrainerin wurde, stand ich plötzlich da und hatte keinen Trainer. Der Verband wollte, dass ich nach Karl-Marx-Stadt gehe, zu Jutta Müller. Das wollte ich nicht. Ein Funktionär des Eislaufverbandes setzte mir quasi die Pistole auf die Brust. Er sagte zu meinen Eltern: „Wenn er nicht geht, dann kann er auch gleich aufhören." Ich kannte Inge und wollte bei ihr trainieren. Das klappte schließlich 1968."

Vier Jahre lang gehörte Ralf dann zu den besten drei Läufern der DDR. Mehrere Male erlief er sich Goldmedaillen bei der Kinder- und Jugendspartakiade, startete mit großem Erfolg bei internationalen Wettbewerben und wurde von einem ausländischen Fachjournalisten sogar einmal als „der künftige Weltmeister" bezeichnet. „Obwohl Willi Petzold, unser Ballettmeister, immer sagte: Du lernst es nie! Ich konnte nämlich kein Spagat. Das Tänzerische und die Pflicht waren wirklich nicht meine Stärke."
Ralf hörte 1972 mit dem Eiskunstlaufen auf. Es war nicht sein eigener Entschluss. Die „Konkurrenz" aus dem Süden der kleinen Republik schien einfach unschlagbar. Nach Ralph Borghard (1966) schaffte es bis zum Jahre 1989 (Mirko Eichhorn) kein Dynamoläufer mehr aufs oberste Treppchen bei DDR-Meisterschaften (mit Ausnahme von Bernd Wunderlich 1975, aber da war Jan Hoffmann erkrankt). Ralf spielte dann noch eine Weile Eishockey. Nach der 11. Klasse musste er die KJS verlassen und begann eine Lehre zum Feinmechaniker. Danach ging er zur Polizei, studierte an der Offiziersschule des MdI und ging zur Kripo. 1992 orientierte er sich neu, machte zwei Umschulungen, u.a. zur Fachkraft für Mittelständische Wirtschaft, hatte zeitweise zwei Läden und eine kleine Baufirma und war Mitarbeiter in einem Wirtschaftsklub. Seit zwei Jahren managt er eine Hardrockband. Er spielt

selbst Gitarre, Maultrommel und das Blasinstrument der nordaustralischen Aborigines, das Didgeridoo. Das ist schon ungewöhnlich genug. Doch als ihn seine Band „High Voltage" überreden wollte, für ein AC/DC-Stück das Dudelsackspielen zu lernen, hat er erst mal dankend abgewinkt. Vielleicht überlegt er sich`s ja noch. Bei einem wie Ralf kann man immer auf Überraschungen gefasst sein. Unglaublich zum Beispiel, welch ungewöhnliche Sportarten er nun so betreibt.  Denn der Sport hat den ehemaligen Eiskunstläufer nie losgelassen. Nach Schwimmen, Fußball und Handball zählen jetzt etwas exotischere Sportarten zu seinen Favoriten. Neben Mannschafts-Bowling begeistert er sich für Alpin-Ski, Kiteboarding, Bergsteigen und Bergwandern. Wohlgemerkt als Aktiver, nicht als Zuschauer.
Mit dem Fieber für letzteres hat er auch seine Frau Marina (die beiden heirateten 1977) und seine beiden, inzwischen erwachsenen Kinder angesteckt. Demnächst wollen sie die Alpen zwischen Oberstdorf und Meran überqueren. Ach ja, und jedes Jahr fährt er ein 100-km-Straßenradrennen in Hamburg. Das Eis hat er damals übrigens jahrelang gemieden, auch Eiskunstlaufsendungen im Fernsehen. „Eine Schutzfunktion", sagt Marina. „Ich war sehr verbittert, brauchte Abstand", erinnert sich Ralf. Erst mit seinen Kindern zog er wieder die Eislaufstiefel an und fuhr mit ihnen ins damalige SEZ an der heutigen Landsberger Allee. **ID**

Abb.: Ralf als Zehnjähriger, „ernst ist die Pflicht, heiter die Kür" – mit seiner Trainerin Inge, als Freund des jungen Bernd Wunderlich und im November 2009.

Ralf über seine Trainerin Inge
Sie hatte diesen energischen Druck

Sie war die beste meiner insgesamt vier Trainer, irgendwie hatte sie diesen energischen Druck, ohne den man wohl nicht zu Höchstleistungen kommt. Wenn sie mal laut wurde, hatte es meistens einen Grund. Gut fand ich, dass sie ihre Entscheidungen uns Sportlern immer erklärt hat. Als Trainerin im Leistungssport hatte sie ja Vorgaben zu erfüllen und musste bestimmte Ziele erreichen und Erfolge vorweisen. Das war auch für sie bestimmt nicht immer leicht. Trotz aller Kritik an dem, was im Leistungssport oft so hinter den Kulissen ausgehandelt wurde, also auf „höherer Ebene", finde ich, dass die DDR in Sachen Leistungssport weltweit Spitze war, zum Beispiel was die akribische Talentsuche und –förderung anging. Damals spielte das Portemonnaie der Eltern eben keine Rolle.

„Ich war ein Schisshase"
Bernd Wunderlich – genannt Wundi

Als er 12 war, konnte ihm in seiner Altersklasse in ganz Europa kein Läufer das Wasser reichen. Den Doppellutz und den Doppelaxel hatte er gleich vier Mal in seiner Kür. Und die Kombination Doppelaxel-Doppeltoeloop soll er wie aus der Pistole geschossen aufs Eis gesetzt haben. „Aber an Dreifachsprünge traute ich

mich einfach nicht ran, da hatte ich eine Blokkade. Ich war eben ein Schisshase", gesteht Bernd mit einem Lachen, als wir uns im November 2009 im Café Sybille an der Karl-Marx-Allee treffen. Da konnte damals auch der hinzu gezogene Psychologe nicht viel ausrichten. Respekt muss der kleine Läufer wohl vor dem Fachmann gehabt haben, hat er doch später zielstrebig genau diesen Berufsweg eingeschlagen. Wie ist das eigentlich mit den Blockaden und den Ängsten? Heute kann er selbst Vorträge darüber halten, der Diplom-Psychologe Bernd Wunderlich, der an der Humboldt-Universität Klinische Psychologie studierte. Nach dem Abschluss der

10. Klasse an der KJS war er nach seiner Eislaufzeit an eine normale EOS an der Koppenstraße gewechselt, legte dort sein Abitur ab und ging danach für 3 Jahre zur Armee. Nach dem Studium arbeitete er u.a. an der Poliklinik der Neptunwerke in Rostock. Nun ist er an der Median-Klinik Heiligendamm der leitende Psychologe. Der Berliner aus Friedrichshain ist seit etlichen Jahren Mecklenburger. Er war zwei Mal verheiratet, hat drei Töchter (22, 24 und 26) und wohnt mit seiner Lebensgefährtin, einer Krankenschwester, in Rostock.

Bernd, der bei DDR-Meisterschaften zwischen 1971 und 1975 einmal Gold, zwei Mal Silber und zweimal Bronze erreichte, hatte, was den Einsatz bei Europa- und Weltmeisterschaften anging, mehr Glück als sein drei Jahre älterer Trainingsfreund Ralf Richter.

Das lag wohl auch daran, dass der mehrfache DDR-Meister (zwischen 1965 und 72) Günter Zöller, Schützling von Jutta Müller beim SC Karl-Marx-Stadt, 1972 in den Westen geflohen und Rolf Oesterreich zum Paarlaufen gewechselt war.
Als 13-Jähriger kam Bernd bei der EM in Göteburg 1972 auf den 11. Platz, 1974 in Zagreb auf den 9. Rang und 1975 in Kopenhagen wurde er Siebenter. Bei den Weltmeisterschaften in Bratislava 1973 wurde er 17., 1974 in München 13. und 1975 in Colorado Springs 14. Bei nationalen und internationalen Wettbewerben lag er indes oft ganz vorn. So gewann er zum Beispiel 1968 und 1970 Spartakiadegold in seiner Altersklasse, und bei einem Juniorenwettbewerb 1971 in Banska Bystrica (CSSR) wurde er als Jüngster und Kleinster des Feldes mit gerade mal 12 Jahren Erster.
Doch genug der Zahlen, die gerade beim Eiskunstlaufen bekanntermaßen nicht immer objektiver Spiegel des Leistungsvermögens eines Läufers sind. Bernd, am 31. August 1958 in Berlin geboren, war gerade im Kindergarten an der Bersarinstraße, als TSC-Trainer Ernst Weidlich den damals 5-Jährigen als Talent entdeckte. Mit 7 wechselte er zum SC Dynamo und kam 1966 in die Trainingsgruppe von Inge Wischnewski. Bernd: „Das war die Zeit, als Inges Schützling Ralph Borghard im Westen geblieben war und Inge als Trainerin der Meisterklasse ‚degradiert' wurde. Sie musste wieder mit dem Nachwuchs anfangen. Für mich war das ein Glücksfall. Denn ich war sehr ehrgeizig und wollte immer der Beste sein. Allerdings hatte ich mit Inge auch so meine Probleme und sie mit mir. Wenn ich zum Beispiel einen Patzer beim Kürlaufen hatte, bin ich einfach nicht mehr weiter gelaufen. Oder einmal bei DDR-Meisterschaften – da bin ich beim Einlaufen einfach nicht gesprungen, nur gelaufen. Ich brauchte immer erst ein bestimmtes Gefühl für die Schiene (ganz im Gegensatz zu Ralf Richter, der lief einfach drauflos). Inge stand verzweifelt an der Bande, tobte beinahe."

„Im November 1975 habe ich aufgehört. Es war mein eigener Entschluss. Ich war inzwischen in einem Alter, wo ich auch andere Interessen hatte. Die konnte man als Leistungssportler aber nicht ausleben. Man hatte sich in einem ganz engen Rahmen zu bewegen. Ich wollte mich auch nicht mehr klein machen lassen, zum Beispiel von irgendwelchen Verbandsfunktionären, die vor allem in den Trainingslagern vor Europa- oder Weltmeisterschaften auf uns einredeten. So nach der Holzhammermethode, ohne psychologisches Einfühlungsvermögen. Es ging dabei immer nur um Plätze und Siege. Die DDR definierte sich ja international über Erfolge, besonders auch im Sport. Der war so eine Art Visitenkarte des Sozialismus."
Bernd, der nach der Scheidung seiner Eltern mit seinem älteren Bruder bei seinem Vater lebte, sprach über seinen Entschluss als erstes mit ihm. „Ich bin ihm heute noch dankbar, dass er mich verstand und mit Inge Wischnewski redete." Nach dem Abtrainieren ist Bernd dann nie wieder aufs Eis gegangen. **ID**

Abb.: Bernd 1971 als Sieger in Banska Bystrica; die Jacke der Nationalmannschaft war noch ganz schön groß, auch in Göteborg war er der „Kleinste", ehe er 1975 in Colorado an Christine „vorbei gewachsen" war; Bernd 1963 und 2009.

Bernd über seine Trainerin Inge Wischnewski

Inge war eine tolle und sehr kompetente Trainerin. Allerdings hatte ich manchmal auch so meine Probleme mit ihr bzw. mit Entscheidungen von Verbandsfunktionären, denn ich glaube, dass sie als Trainerin gewissen Zwängen unterlag und bestimmte Entscheidungen ganz woanders getroffen wurden. Ich erinnere mich an eine Begebenheit in Dresden beim Wettbewerb „Blaue Schwerter". Da war ich 9 oder 10. Da meine Mutter in Dresden lebte, wollte ich sie natürlich sehen. Doch es wurde alles getan, damit es nicht dazu kam. Wahrscheinlich wollte man mich nicht in Gefühlskonflikte bringen. Doch ich dachte natürlich, meine Mutter wolle **mich** nicht sehen. Da kriegt man als Kind doch einen Knacks. Fortan mimte ich den Clown, legte mir quasi eine zweite Haut zu. In dieser Zeit war besonders Christine einer meiner wichtigen Orientierungspunkte. Sie war für mich eine Art große Schwester und hat mich oft getröstet. Später, als Teenager, als ich das Gefühl hatte, mich erst mal selbst finden zu müssen, habe ich Inge übel genommen, dass sie keine Auszeit duldete. Auf der anderen Seite gab es aber auch viele schöne Momente. Sie, ihr Mann und ihre Tochter Ina waren ja auch eine Art Familienersatz für mich. So erinnere ich mich an erlebnisreiche Stunden in ihrem Garten.

Ein Denkmal
für die Eislaufmütter
Henry Geske

Unserem Treffen waren mehrere Telefonate vorausgegangen. Denn Henry, 53, Elektromonteur und Häuslebauer (in der Freizeit), außerdem Familienvater und Opa, ist ein viel beschäftigter Mann. „Was soll ich erzählen? Das ist doch alles schon sooo lange her", meinte er am Telefon. Doch als wir dann am 5. November 2009 in fröhlicher Familienrunde in seinem Haus am Schachtelhalmweg in Altglienicke zusammen sitzen, sind die Erinnerungen an seine Zeit als Eiskunstläufer beim SC Dynamo plötzlich wieder da. Zugegeben, daran hat auch Mutter Hildegard Geske keinen geringen Anteil. Nach langer Zeit hat sie mal wieder die alten Fotoalben rausgekramt. Und beim „Bildergucken" ist plötzlich alles wieder ganz nah. Henry kann sich sogar noch vage an seine ersten Eislaufstunden bei Trainerin Annemarie Hansen erinnern.

Es könnte ein Tag wie dieser gewesen sein, als ihn Mutter Hildegard an die Hand nahm und von der Plonzstraße zur Werner-Seelenbinder-Halle an der Leninallee fuhr. 47 Jahre ist das nun schon her! Henry war gerade 6 geworden, ging noch nicht mal zur Schule und wollte Eiskunstläufer werden. Im Fernsehen hatten sie ja

gesagt, dass sie Nachwuchs suchen, die von Dynamo. „Vor allem Jungs waren gefragt", erinnert sich Mutter Hildegard. Der kleine Henry schien Talent zu haben und so nahm sie, bald schon Mutter von vier Kindern, mehrmals in der Woche die Wege auf sich. Wie all die anderen Mütter (zuweilen auch Väter) der kleinen Eisläufer. Eigentlich müsste ihnen noch im Nachhinein ein Denkmal gesetzt werden. Halfen viele von ihnen doch auch, wenn Not am Mann war, ob bei der Vorbereitung von Wettkämpfen, Festen, Trainingslagern oder anderen Ereignissen. Frau Geske, gelernte Schneiderin, nähte Henry auch seine Eislaufanzüge. „Den ersten schneiderte ich aus einem alten Mantel", weiß sie noch. „Später fuhr ich dann allein zur Schule, zuerst in die Sportschule an der Bötzowstraße, dann in die Kopenhagener", erinnert sich Henry. „Ein Bus fuhr uns nach dem Unterricht zur Eislaufbahn." Oft lagen die ersten Trainingseinheiten aber schon vor Schulbeginn.

Da hieß es, früh aus den Federn zu kommen. „Ich kam dann ziemlich schnell in die Trainingsgruppe von Inge Wischnewski. Mit 12 wurde ich Berliner Juniorenmeister und bei der Spartakiade 1968 landete ich auf dem ersten Platz", fällt Henry wieder ein. Auch, dass er so etwa ab 1966 bei Brigitte Zeller weiter trainierte. Ein Schützling von Inge war nach einem Ausscheid im Westen geblieben und Inge wurde damit bestraft, dass sie nicht mehr die Meisterklasse trainieren durfte. Sie musste mit den Kleinen wieder neu anfangen. „Irgendwie war dann bei mir der Druck raus", sagt Henry. „Als ich sportlich so weit war, dass ich international hätte starten können, auch im westlichen Ausland, war es aus mit dem Einzellauf. Vielleicht war meine Westverwandtschaft schuld, vielleicht aber auch meine nicht so gute Leistung in der Pflicht. Ich sollte jedenfalls noch mal als Paarläufer anfangen, kam

zu Trainer Heinz Lindner. Aber ich hatte Pech mit meinen Partnerinnen. Da bin ich zum Eisschnelllaufen gewechselt. In der 10. Klasse hab ich dann das Handtuch geworfen und wollte vom Eislaufen nichts mehr wissen."
Erst viele Jahre später ging er noch mal aufs Eis, mit seinen Kindern. Henry nahm nach Abschluss der 10. Klasse bei „elpro" eine Lehre als Elektromonteur auf. In diesem Beruf arbeitet er noch heute, auf dem Flughafen Schönefeld. Immer noch im selben Betrieb. 1975 lernte er seine Karen kennen, 79 heirateten sie und bald kündigte sich mit Nadine und Ronny Nachwuchs an. Mit Mutter Hildegard wohnen sie in einem schicken Haus, das Henry mit seinem Bruder selbst entworfen und gebaut hat. Es ist

nicht sein erstes und wohl auch nicht sein letztes Haus. Schon sitzt er über Plänen, um seiner Tochter Nadine (29) und Enkel Maurice (4) einen Bungalow zu bauen. Wie er das alles schafft, bleibt wohl sein Geheimnis, schließlich ist da auch noch das geliebte Gartengrundstück bei Zossen zu beackern. Klar, dass bei diesem Pensum keine Zeit bleibt, auch noch lange in Eislauf-Kindheits-Erinnerungen zu schwelgen. Er hat es für seine Trainerin Inge gemacht, die er noch heute verehrt. **ID**

Abb.: Als Henry 1963 begann, stand nicht nur seine Mutter am Rand der Eisfläche; der Paarlauf mit Carmen war nicht immer lustig und trotz eines 1. Platzes nicht Henrys Erfüllung; als Einzelläufer war er sogar im Programmheft zur III. Kinder- und Jugendspartakiade 1970 abgebildet; Schabernack mit Christine gehört offensichtlich noch heute wie bereits 1966 zu Henrys Stärken; Henry im November 2009 mit Karen und Mutti Hildegard.

„Henry, die Arme gerade halten!"
Henry Geske über Inge Wischnewski

Die Jahre bei Inge, das war meine beste Trainingszeit. Obwohl sie viel von ihren Sportlern verlangte, bin ich immer gern zum Training gegangen. Ich habe noch heute ihre ständigen Ermahnungen im Ohr: Henry, die Arme gerade halten! Ich hatte Mühe damit und glich manchmal mit meiner Haltung eher einem sterbenden Schwan, vor allem bei der Pflicht. Das Training war hart, aber wir hatten auch viel Spaß, ob als „Polarsterne" oder im Trainingslager. Weil das Eis in Berlin, als wir noch keine überdachte Halle hatten, früher abgetaut wurde als in Karl-Marx-Stadt, trainierten wir manchmal dort. Wir waren ja noch kleine Steppkes. Inge war unser aller Ersatzmutter und tröstete uns, wenn wir Heimweh hatten. So was vergisst man nicht.

Der Ballettunterricht war eine Qual
Michael Glaubitz – genannt Mücke

Es begann 1963 im Kindergarten. Brigitte Zeller, die auch meine erste Trainerin wurde, war auf Talentsuche. Und: Ich wollte es selbst und wurde nicht von einer Eislauf verrückten Mutter getrieben. Schon als kleiner Bengel faszinierte mich dieser Sport, der so viel Ästhetik ausstrahlt. Auch zwei meiner Geschwister waren beim Eislaufen – meine jüngere Schwester Ramona lief von 1965 bis 71 bis zur Seniorenklasse, mein kleiner Bruder Mike von 1971 bis 75.

Meine Eltern standen die ganzen Jahre hinter meiner Entscheidung, diesen Sport zu betreiben. Damit hatten sie es nicht leicht, denn wir waren 6 Kinder, die alle ihr Recht forderten. Mein Vater war viele Jahre Mitglied und Leiter des Rechenbüros der Preisrichter. Hier hat er so einiges mitbekommen – doch decken wir lieber den Mantel des Schweigens darüber. Meine Mutter spielte eine ganz besondere, aufopferungsvolle Rolle. All die Jahre begleitete sie mich zum Training und verbrachte Stunden des Wartens und Beobachtens in der Eishalle. Selbst als sie mit meinem Bruder Mike hochschwanger war, begleitete sie mich täglich. Fast wäre Mike in der Eishalle geboren worden. Ihre Lieblingsbeschäftigung war es, während meines Trainings zu stricken. Oft nähte sie dann nachts noch an meiner Trainings- und Wettkampfkleidung, um diese, wenn sie sehr schlicht vom Schneider kam, noch ein wenig aufzupeppen. Auch meine Schaulaufkostüme nähte sie selbst.

Zu Inge bin ich meiner Erinnerung nach 1971 gekommen. Ich war nicht sonderlich begeistert, da ich Frau Zeller sehr geliebt habe und mir Inge viel zu streng erschien. Ja, Strenge und

Konsequenz – das waren ihre Markenzeichen. Zuweilen fehlte es mir aber an der notwendigen Motivation. Zu oft hatte ich das Gefühl, dass mich Inge eigentlich gar nicht wollte, gab es doch noch andere ebenbürdige Läufer in unserer Trainingsgruppe. Besonders gut gelang mir die damals noch zu absolvierende Pflicht. Inge hielt mich teilweise sogar für einen „Pflichtweltmeister". Das machte mich dann immer sehr stolz, gab es doch dafür Lob von ihr. In der Kür war ich eher der elegante Läufer, wobei ich für damalige Verhältnisse mit zwei Dreifachsprüngen (Salchow und Toeloop) auf einem guten internationalen Level war. Ich war gerade mal 15 Jahre alt. Schwierigkeiten bereiteten mir vor allem Waagepirouetten, da es mit meiner Dehnfähigkeit nicht sonderlich bestellt war. Das zeigte sich auch im Ballettunterricht. Es war eine immer wiederkehrende Qual, ich habe es gehasst. Nichts desto weniger war ich wohl eine sensible Seele, die sich alles hart erarbeiten musste. Meine Erfolge erscheinen im Vergleich zu anderen Spitzenathleten eher lächerlich, aber ich bin trotzdem sehr stolz auf das damals Erreichte. So wurde ich mehrfach Berliner Meister, Spartakiadesieger und mehrfacher Medaillengewinner bei internationalen Wettbewerben. 1972 und 73 war ich jeweils Dritter und 1974 Zweiter der DDR-Meisterschaften nach Jan Hoffmann. Bei der EM in Zagreb 1974 wurde ich 13. Leider wurde meine damals im Aufwind befindliche Laufbahn etwa einen Monat nach den Meisterschaften gestoppt. Die Begründung: Ich hätte keine Perspektive mehr. Ich versuchte es dann mit Paarlaufen, das wurde aber nichts. Etwa nach 18 Monaten nutzte ich das Eistanzen zum Abtrainieren. Da beherrschte ich noch immer zwei Dreifachsprünge – und das mit Eistanzkuven! Damals sagte Inge zu mir: „Ich habe wohl doch einen Fehler gemacht." Übrigens habe ich nie verstanden, weshalb man mich 1974 nicht zu den Weltmeisterschaften nach München mitnahm.

Die Begründung während der Teamzusammenkunft nach der EM in Zagreb war: „Da ein westdeutscher Läufer vor dir platziert war, können wir dich nicht mitnehmen." Ich glaube bis heute nicht an diesen Grund. 1975 habe ich dann mein Fachschulstudium zum Physiotherapeuten aufgenommen.

Die meisten Praktika absolvierte ich in der Sportmedizin unseres Clubs. Auf meinen Wunsch hin wurde ich einmal sogar Inges Therapeut. Sie hatte sich auf dem Eis schwer verletzt. Damals schwor ich mir, ihr so einiges heimzuzahlen, wollte sie bei der Therapie hart rannehmen. Ich denke, auch mit meiner Hilfe ist sie wieder ganz gut auf die Beine gekommen. Mein Berufswunsch hatte sich natürlich aus dem eigenen Erleben, umfassend physiotherapeutisch betreut zu werden, entwickelt. Ich habe dann auch einige Jahre im Leistungssport gearbeitet, bei den Turnmännern und Union Berlin. Noch vor der Wende machte ich mich selbständig und betreibe seit 1989 eine eigene Praxis für Physiotherapie – zuerst in Berlin und seit 1996 in der Nähe von Hannover. Für viele meiner Patienten, also „Wessis", ist es sehr interessant zu hören, wie es denn damals bei uns im DDR-Sport zuging. Und ich habe eine ganze Menge zu erzählen ...

Was mir viele nicht zutrauten, habe ich als einer der ersten von uns verwirklicht: Mit 21 Jahren habe ich eine Familie gegründet. Meine drei Kinder – ein Sohn und zwei Töchter – sind längst erwachsen. Und ich bin stolzer Opa von mittlerweile 5 Enkelkindern! Und das Schönste: Alle meine Kinder können Eislaufen. ***ID***

Abb.: Michael Glaubitz mit Ralf Richter und beim Pokal der Blauen Schwerter 1970 in Karl-Marx-Stadt; im Januar 1974 bei den DDR-Meisterschaften wurde er Zweiter; Michael (2. v.l.) mit Christine sowie der ganzen Trainingsgruppe beim flotten „Matrosentanz"; immer spannend war und ist das Warten auf die Noten, hier mit Inge Wischnewski zur EM 1974 in Zagreb.

Michael über seine Trainerin Inge W.
Sie war unnachgiebig

Was habe ich an Inge geschätzt? Sie war eine unnachgiebige Trainerin. Aus heutiger Sicht halte ich ihr das sehr zugute, da diese Härte ja auch entsprechende Früchte trug. Vermisst habe ich manchmal die persönliche Zuneigung, aber wer kann schon über seinen Schatten springen. Überschäumend gute Laune konnte ich bei ihr eher selten erkennen. Schade, wir hätten vielleicht mehr Spaß haben können. Doch letztendlich hatte auch ich meine ganz persönlichen Erfolge. Und auf die bin ich und sind auch meine Kinder stolz.

„ ... und das Eis ist so hart"
Carola Niebling (Kalusniak)

14. Januar 1966. 22 Eiskunstläufer der Kinderklasse haben auf der Eisfläche der Werner-Seelenbinder-Halle vor gestrengen Kampfrichteraugen zu bestehen. „Unter ihnen bewarb sich Carola Niebling (7 Jahre) von der 1. Oberschule Pankow um die Teilnahme an der I. Deutschen Kinder- und Jugendspartakiade", berichtet die „BZ am Abend" in ihrer Ausgabe vom 15. Januar. Im Mittelpunkt des Fotos dreht ein kleines blondes Mädchen im Strickkostüm eine Pirouette. Darunter ein bekanntes Zitat von GutsMuths: „Ich kenne keine schönere Gymnastik als das Schlittschuhlaufen." Offenbar hat die siebenjährige Berlinerin, die seit 1963 beim SC Dynamo trainierte, das damals ähnlich gesehen. Denn sie trainierte fleißig weiter und lief drei Jahre darauf bereits in der Seniorenklasse, der Vorstufe zur Meisterklasse. Schon mit 10 absolvierte Carola ihren ersten internationalen Start mit Bravour. Beim internationalen Seniorenwettbewerb der Eiskunstläufer im Dezember 1968 in Bukarest wurde sie Fünfte! „Großartig schlug sich die erst 10-jährige Carola Niebling (SC Dynamo Berlin) im Feld der 17- bis 19-Jährigen mit ihrem fünften Platz. Für ihre saubere Pflicht und die schwierige Kür mit Doppel-Axel und Doppel-Lutz

erhielt sie eine Gesamtpunktzahl von 26,5/977,6", wusste tags darauf eine Zeitung zu berichten. Wenige Wochen darauf siegte Carola in ihrer Klasse bei der II. Berliner Kinder- und Jugendspartakiade. Ein Jahr später wurde sie bei der III. Kinder- und Jugendspartakiade der DDR 1970 hinter Christine Errath bereits Zweite. Inge Wischnewski damals: *„Die Spartakiade ist sehr wertvoll für unsere jungen Eiskunstläufer. Hier erleben sie zum ersten Mal die Atmosphäre einer großen Konkurrenz, und der Sprung zu internationalen Wettkämpfen fällt ihnen nicht schwer. Unsere Spartakiadeteilnehmer Christine Errath und Carola Niebling, Bernd Wunderlich und Michael Glaubitz verfügen über ein Kürniveau, um das sie sicher mancher EM-Teilnehmer beneiden würde."* Damals gab die kleine Carola ihr erstes Interview. Auf die Frage des Reporters, ob denn alles immer glatt gehe, antwor-

tete sie: „Gar nicht. Man fällt ja so oft hin, und das Eis ist so hart. Ich wollte schon aufgeben, aber meine Trainerin, Frau Wischnewski, weiß, wie einem bei schwierigen Trainingsaufgaben zumute ist."
„Vitazi: Wunderlich a Nieblingová" (Sieger: Wunderlich und Niebling) – so lautete am 14. Dezember 1970 die Schlagzeile auf der Titelseite einer Tageszeitung der damaligen CSSR. Daneben ein Foto von Carola. „Ihr gehörte der größte Applaus, die höchste Bewertung der Preisrichter. Carola Niebling ist die Siegerin des 3. Internationalen Wettkampfes um den Großen Preis des Slowakischen Nationalaufstandes", hieß es in der Bildunterschrift. Läufer aus 13 Ländern hatten an dem Wettkampf in Banska Bystrica teilgenommen, die gesamte junge Eislaufelite Europas. „Die Pflichtläufe der Nieblingova waren ausgezeichnet und hinterließen einen tiefen sportlichen Eindruck", überschlug sich der Reporter.

Carola belegte danach bei den DDR-Meisterschaften 1970 den 6., 1971 den 5. Platz. 1972 hängte sie die Schlittschuhe an den Nagel. Grund waren mehrere Verletzungen, vor allem eine Knieverletzung; später bekam sie sogar eine künstliche Kniescheibe. Neun Jahre – von 1963 bis 72 – hatte sie bei Dynamo trainiert, zuerst bei Annemarie Hansen, dann bei Brigitte Zeller, schließlich bei Inge Wischnewski. „Ich war die erste Läuferin, die maßgeschneiderte Schlittschuhstiefel von Schuhmachermeister Wilhelms aus der Große-Leege-Straße verpasst bekam", erinnert sie sich heute. Für Läufer der Meisterklasse wurden bis dato die Stiefel aus Österreich bezogen. Das kostete Devisen. Inge Wischnewski meinte: Das muss doch auch in der DDR möglich sein, ging auf die Suche und fand in dem Schuhmacher aus Hohenschönhausen einen wahren Meister. „Die ersten Modelle sahen irgendwie wie `ne TU 144 aus, die waren so spitz", lacht Carola. Aber sie waren herrlich bequem, wenn man sich eingelaufen hatte."

Nach ihrer Eislaufkarriere absolvierte Carola eine Lehre als Außenhandelskauffrau. Seit über 20 Jahren arbeitet sie in der Verwaltung eines Krankenhauses in Lichtenberg. 1976 heiratete sie und wurde „Frau Kalusniak". Bald wurden ihre Tochter Carina (heute 31) und ihre Söhne Jens und Sascha (27 und 28) geboren. In ihrer Freizeit trieb sie weiter Sport; Turnen und Tischtennis wurden zum Hobby. Vor 12 Jahren zog sie mit ihrer Familie in ein kleines Einfamilienhaus nach Ahrensfelde, am Rande von Berlin. Viel Freizeit bleibt ihr neben ihrem anstrengenden Job (ihr Mann arbeitet in Schichten) nicht. Beruf, Haushalt und Garten – und da ist ja auch noch Enkelin Luisa, die sie ab und an gern mal betreut. Und der 8-jährige Kater Tommy braucht auch seine Streicheleinheiten. Obwohl ihre Eislaufzeit schon lange zurückliegt, freut sich Carola, dass der Kontakt zu ihrer Trainerin Inge Wischnewski nie ganz abgebrochen ist. „Inge hat mich sogar schon in Ahrensfelde besucht", erzählt sie. Und dann erinnert sie sich an Kienäppelschlachten beim Grillen im Garten von Inge und ihrem Mann Heinz, an Schneeballschlachten im Trainingslager Jonsdorf und so manch andere Geschichte von damals. *ID*

Abb.: Carolas eingesprungene Sitzpirouette wurde 1969 von den Punktrichtern sehr gut bewertet, darüber freute sich auch Trainerin Inge Wischnewski, mit Christine und Tassilo Thierbach bestaunte sie 1970 ihre Medaille bei der 3. Kinder- und Jugendspartakiade; bei ihrem Kürprogramm und im Training 1969/70; während eines Wettkampfes in Torun 1971 und ihr Ausweis für's Internat; ein Wimpel als Andenken, Carola im Oktober 2009 mit Kater Tommy in ihrem Haus in Ahrensfelde gleich hinter Berlin.

Carola über Inge Wischnewski
Inge war (ist) eine wunderbare Pädagogin

Trotz aller Strenge hatte sie eine liebevolle Art. „Du musst nicht nach Hause fahren", sagte sie, wenn es mal spät wurde. „Du kannst bei uns übernachten." Manchmal konnte ich im Training auch recht launisch sein. Da sagte sie dann: „Geh, wenn du keine Lust hast." Natürlich wollte man sich diese Blöße nicht geben und gab sich Mühe. Sie hat uns auch oft zum Lachen gebracht, zum Beispiel vor Wettkämpfen in der Umkleidekabine. Da hat sie Witze erzählt. Sie hat mir von überall her Ansichtskarten geschrieben, ob aus dem Urlaub oder von internationalen Wettkämpfen oder Schaulaufen. Die Karten bewahre ich noch heute wie einen Schatz auf.

Beim Doppellutz passierte es
Ralf Block

Oktober 2009. Als ich Ralf Block in seiner hübschen Neubauwohnung im grünen Berliner Stadtbezirk Hellersdorf besuche, schaue ich mich nach Utensilien um, die an seine Eiskunstlauf-Vergangenheit erinnern könnten. Und finde nichts. „Das ist ja auch schon ewig her, über 35 Jahre", meint der heute 53-Jährige. „Wenn es da noch etwas geben sollte, dann haben es meine Eltern." Schließlich findet er doch noch ein Foto. Es zeigt ihn mit Christine Errath beim Pflichttraining mit dem so genannten Eiszirkel. „Christine und ich sind beide Jahrgang 56, wir waren an der Kinder- und Jugendsportschule in einer Klasse und etwa zwei Jahre bei Inge Wischnewski in derselben Trainingsgruppe", erzählt er. „Die Leute von der Sektion Eiskunstlauf vom SC Dynamo waren ja immer auf Talent-Suche. Mich entdeckten sie in einem Kindergarten in Berlin-Friedrichshain. Das muss so 1960, 61 gewesen sein. Zunächst kam ich in die Gruppe von Trainerin Brigitte Zeller, wechselte später zu Inge Wischnewski. Inge trainierte die Meisterklasse. Ich nahm an mehreren Spartakiaden teil, dem Pokal „Blaue Schwerter" und auch an DDR-Meisterschaften. Aber die Pflicht, die damals bei Einzelläufern eine große Rolle bei Wettkämpfen spielte, war nicht gerade meine starke Seite. So brachte ich es hinter Ralf Richter gerade mal auf den 4. Platz bei DDR-Meisterschaften. Mit 14 hatte ich einen schweren Sturz beim Training. Beim Anlauf zum Doppellutz stolperte ich über ein Holzstückchen auf dem Eis und knallte mit dem Kopf gegen die Bande. Danach verbrachte ich fast drei Monate im Krankenhaus, verlor danach irgendwie den Anschluss."  Ralf wechselte nach 1970 zum Paarlaufen und trainierte bei Heidi Steiner-Walther. Mit seiner ersten Partnerin, Nadine Nelken, klappte es auch recht gut. Als Nadine aus Krankheitsgründen aufhörte, lief er mit Simone Fischer. Die geforderten Leistungen der Meisterklasse schaffte das Paar nicht. Ralf hängte die Schlittschuhe an den Nagel und folgte seinen

Eltern nach Frankfurt/Oder, um dort sein Abitur abzulegen, absolvierte von 1978 bis 82 ein Hochschulstudium in Moskau, wurde Diplomlehrer für Geschichte und war danach im damaligen Jugendverband der DDR im Sport- und Kulturbereich tätig, zunächst in Frankfurt/Oder, dann in Berlin. Nach der Wende lernte er noch einmal um, studierte Versicherungswirtschaft und betrieb eine Agentur. Heute ist Ralf als Honorarkraft im renommierten Robert-Koch-Institut im Gesundheitsmonitoring tätig.

Ralf ist seit 30 Jahren verheiratet und hat eine 26-jährige Tochter. Nach seiner aktiver Zeit ging er nicht mehr aufs Eis, erst viel später ab und an mit seiner Tochter. „Nun seit Jahren aber nicht mehr. Es wäre tatsächlich interessant, es noch einmal zu versuchen und zu sehen, was noch hängen geblieben ist", sagt er anno 2009. **ID**

Abb: Ralf Block 1967 mit Michael Glaubitz ganz am Anfang und mit Christine Errath und dem „Eiszirkel" beim Pflichttraining; Ralf 2009 in seiner Wohnung in Berlin-Hellersdorf und mit lieben Grüßen an Siegerin Christine 1971..

Ralf Block über seine Trainerin Inge Wischnewski: Sie freute sich auch über kleine Erfolge

Inge war in Berlin die absolute Kapazität als Trainerin für die Eiskunsteinzelläufer der Meisterklasse. Sie verlangte viel von ihren Läufern, war sehr akribisch, konnte auch sehr rigide sein, und dennoch war sie sehr einfühlsam und irgendwie mütterlich. Sie hat sich über jeden noch so kleinen Erfolg von uns gefreut. Das spornte uns an. Unser Trainingsalltag war ja knochenhart – Krafttraining, Ballett, Leichtathletik gehörten dazu. Mit 12, 13 Jahren hat man ja noch nicht die Einsicht in bestimmte Notwendigkeiten. Doch Inge hat es mit ihrer einfühlsamen Art verstanden, uns immer wieder zu motivieren.

„Eene von meene fünf Mark"
Christian Greiner

Christian Greiner gehörte seit Mitte der 60-er Jahre zur Trainingsgruppe von Inge Wischnewski und trainierte mit etwa gleichaltrigen Läufern wie Ralf Block, Michael Glaubitz, Henry Geske, Carola Niebling, Christine Errath oder Bernd Wunderlich. Mit 12 Jahren wechselte er zum Paarlaufen. In einer Ausgabe der Zeitung „DynamoSport" vom 1. März 1971 hieß es: „Einzelläufer waren bis 1970 Ines Fischer (10) und Christian Greiner (13). Beide liefen eine gute Kür, ihre Pflichtleistungen konnten aber auf weite Sicht internationalen Ansprüchen nicht genügen." Deshalb habe man sie im September 1970 zu einem Paar vereint, berichtete damals Trainerassistent Michael Schmidt. „Das ausgesprochene Wettkampfpaar schaffte in nur einem Quartal durch intensives Training den Sprung in die Seniorenklasse", sagte Schmidt.

„Als Eiskunstläufer war er ein Typ. Schon vom Äußeren – rote Wangen, lockiges Haar, immer lustig – man konnte mit ihm viel Spaß haben beim Training", erinnert sich Christine. Offenbar steckte in ihm ein kleiner Kobold, sonst wären nicht gerade über ihn folgende humorigen Geschichten überliefert: Es war üblich, bei Fahrten ins Trainingslager eine gewisse Summe als Taschengeld mitzugeben. Die Eltern von Christian hatten das einmal vergessen.

Da sich alle anderen etwas kaufen konnten, nur Christian nicht, tat das Inge leid. Um Christian eine Freude zu machen, verkündete sie, dass sie die 5 Mark für Christian von den Eltern bekommen hätte und sich Christian bei Inge jeweils eine Mark abholen könne, wenn er sich etwas kaufen wollte. Das hat er dann auch gemacht mit dem Satz:

„Frau Wischnewski, haste mal eene Mark von meene 5 Mark?" Es geht nun die Legende, dass Inge nicht so genau darauf geachtet hat, wie oft Christian „eene" Mark einforderte. Es war jedenfalls weitaus öfter als fünf Mal, womit das Taschengeld am Ende des Trainingsaufenthalts auf mindestens 10 Mark kletterte. Was wiederum beweist, dass sich Inge nicht nur als Trainerin, sondern auch als „Ersatzmutter" bewies. Eigentlich eine riesige Verantwortung, wenn man sich überlegt, dass ja täglich mehrere Stunden trainiert wurde. Wenn man dann die Schule noch dazu rechnet, waren die kleinen (und auch die größeren) Eiskunstläufer den ganzen Tag unterwegs und am Ende des Tages länger mit der Trainerin zusammen, als mit den eigenen Eltern.

Die zweite Geschichte spielt in Jonsdorf.
Die Eisbahn dort war ja damals noch nicht überdacht. Es schneite häufig während des Trainings. Christian sollte wie die anderen seine Pflichtbogen üben. Einmal kam er ganz aufgeregt zu Frau Wischnewski und sagte: „Kommen Sie mal schnell, ich will Ihnen was zeigen." Inge dachte wohl, er wolle ihr eine besonders gut gelungene Figur vorführen. Doch freudestrahlend zeigte er auf einen sorgsam geschichteten Haufen von Schneebällen. „Guck mal, 100 Stück habe ich gebaut!"

Das „Bauen", wenn auch in ganz anderen Dimensionen, hat ihn bis zum heutigen Tag begleitet. Nach seiner Schulzeit begann Christian eine Berufsausbildung mit Abitur und absolvierte später ein Bauingenieurstudium. Heute lebt er in Berlin-Kaulsdorf und ist als Bauingenieur tätig.

Abb: Christian als Elfjähriger auf dem Eis, mit Ralf Block (li)1969 in einer Trainingspause und heute.

Christian über seine Trainerin Inge Wischnewski

Aus meiner heutigen Sicht ist mir Inge Wischnewski als eine nette und freundliche Trainerin in Erinnerung geblieben. Sie wirkte auf mich immer fachlich überzeugend und motivierend. In den Trainingsstunden war sie stets einfühlsam und fand in jeder Situation den richtigen Ton. Es gelang ihr so, unser Leistungsvermögen zu steigern und uns in unserer sportlichen Entwicklung voran zu bringen.

„Mutti, du kaufst uns nie Schokolade!"
Kerstin Gerth (Danisch)

Als ich mich mit Kerstin am 15. Dezember 2009 am Berliner Kollwitz-Platz traf, nachdem wir uns 35 Jahre nicht gesehen hatten, dachte ich für einen Moment, die Zeit wäre stehen geblieben. Kerstin sieht fast genauso aus wie damals, als wir in den siebziger Jahren gemeinsam bei Inge Wischnewski trainiert haben. Schlank und rank und mit ein paar sympathischen Lachfältchen um die Augen. Wir lagen uns jedenfalls lange in den Armen und konnten nicht fassen, dass so viel Zeit vergangen ist. Es war so ein Moment, wo man eigentlich glaubt, sich gestern erst gesehen zu haben. Wir gingen ins Café, und als ich meinen Latte ausgetrunken hatte, konnte ich es nicht fassen: Meine Uhr zeigte plötzlich drei Stunden später. Klar, dass es viel zu erzählen gab. Aus zwei Eislaufküken (ich war 14, sie 10, als wir alle Wege – von der Eisbahn in die Schule, von der Schule zur Eisbahn, von der Eisbahn zum Ballett, vom Ballett in die Physiotherapie, von der Physiotherapie nach Hause – gemeinsam zurück legten.) sind zwei Frauen geworden, jede mit ihrer Geschichte.

Unser erstes Thema waren die Kinder. Auch Kerstin ist zweifache Mutter, Ulrike (27) und Fränze (23) heißen ihre Töchter. Ulrike wiederum ist ebenfalls Mutter von zwei Kindern. Ich fand es schon mal klasse, dass Kerstin für die Enkelkinder „Kerstin" heißt und nicht Oma. Bei meinen beiden, Jenny und Marcus, weiß ich noch nicht, ob sie mich einmal zur Oma machen. Aber bestimmt bleibe ich dann auch Christine. Ob nun Oma oder Mutter, ohne sie ging bei uns Eiskunstläufern gar nichts. Meine Mutter (heute 84) hat sogar wegen mir ihren Beruf aufgegeben, um immer für mich

da zu sein. Das werde ich mein Leben lang hoch schätzen. Bei Kerstin war es ähnlich. Die Mutti ist mit ihr 1966 in Hohenschönhausen regelmäßig zum Kinderballett gegangen. Kerstin hat schon immer mit Begeisterung getanzt. Die Muttis unterhielten sich in der Zeit, wo die Mädchen übten, über alles Mögliche. So erfuhr Frau Gerth, dass man in der Steffenstraße in den Wintermonaten talentierte Kinder zum Eislaufen suchte. Kerstins Mutti ergriff die Initiative und stellte ihre fünfjährige Tochter bei Frau Hansen vor.

Die mütterliche Art von Frau Hansen gefiel Kerstin sofort, und nach den ersten Probestunden auf dem Eis entschied Kerstin, anstatt Ballerina, doch lieber Eisprinzessin zu werden. Dass der Weg dahin keineswegs mit Glitzersteinen gesäumt war, wurde Kerstin erst später klar. Zunächst überwog beim Eistraining der Spaß.

Anne Hansen und später Frau Zeller nahmen Kerstin auch oft in den Arm, um sie zu trösten, wenn es mit den Pirouetten und Sprüngen nicht so klappen wollte.

Als besonders positiv hat Kerstin noch heute in Erinnerung, dass sie durch das Eislaufen schon von Kindesbeinen an mit klassischer Musik in Verbindung kam. Weniger toll empfand sie das Leichtathletiktraining. Wir beide denken mit Grausen an die (ansonsten wunderschönen) Trainingsaufenthalte in Biesenthal bei Berlin, wo wir immer um den Wukensee rennen mussten. Das hat uns beiden ganz und gar keinen Spaß gemacht. Aber es gab eben auch diese lustigen Neptunfeste und die mit unglaublich viel Phantasie der Trainer. wie Heinz Lindner, Anne Hansen oder unserem Ballettmeister Willi Petzold, organisierten Sommerpartys. Es wurde gegrillt, Tischtennis gespielt und zur Gitarre gesungen. Aus heutiger Sicht verlebten wir viele unbeschwerte Tage in diesem Ferienobjekt der SV Dynamo. Und vielleicht drückten in dieser Zeit die Trainer auch schon mal ein Äuglein zu, wenn sich die Mädchen und Jungs „etwas näher kamen". Kerstin hat immer für „Wundi" (Bernd Wunderlich) geschwärmt. Er selbst wusste das wahrscheinlich nicht. Vielleicht hat er auch nicht richtig hingeschaut, wenn Kerstin ihn mit ihren ausdrucksstarken, großen braunen Augen anstrahlte. Schade eigentlich, die beiden hätten gut zusammen gepasst.

Die schöne Erinnerung ist doch oft das, was im Leben zählt. An Ballettmeister **Willi Petzold** erinnert sich Kerstin auch gern. Neben der klassischen Ballettausbildung stand NKT – Neuer Künstlerischer Tanz – auf dem Programm. Wir bekamen eine Situation vorgegeben, also z. B. „Sturm und Regen", und mussten uns zu diesem Thema bewegen. Hier war Kreativität gefragt. Ebenso beim so genannten „Jazz-Dance". Willi Petzold zeigte uns Elemente aus dem modernen Ballett, dazu wurde dann auch moderne Musik – sogar oft „West Rock" – gespielt. Kerstin gehörte zu den Fans dieser Ballettstunden. Bei Willi Petzold ging es immer fröhlich zu. Er hatte irgendwie den Schelm im Gesicht. Böse gucken konnte er jedenfalls nicht. Deshalb sind alle mit Freude zu ihm in den Unterricht gegangen. Die Stunden waren abwechslungsreich, und meist wurde viel gelacht, außerdem halfen die Übungen aus dem Ballett, auch auf dem Eis lockerer zu sein. Das war oft nicht so einfach, denn die Sprünge zu erlernen, war unvermeidlich mit Stürzen verbunden. Kerstin gehörte zu den, wie wir es nannten, guten Springern. Kein Wunder, dass sie als Schülerin von Brigitte Zeller schnell in die Meisterklasse aufgestiegen ist. Auf Kerstins Erfolgsliste stehen neben dem Spartakiadesieg auch ausgezeichnete Plätze bei internationalen Wettbewerben in Sofia und Banska Bystrica.

Aber Kerstin wollte noch mehr erreichen. Sie war zunächst nicht begeistert, als sie mit 12 Jahren zur Meistermacherin Inge Wischnewski wechseln sollte. Weil Kinder natürlich die sanfte Art lieber mögen, und Inge Wischnewski stellte ziemlich hohe Anforderungen. Aber als Kerstin nach kurzer Zeit des Trainings bei Inge nicht nur den 3-fachen Flip (heute Toeloop) beherrschte, sondern auch als eines der ganz wenigen Mädchen der damaligen Zeit schon am 3-fachen Lutz übte, stellte sich neben dem Respekt vor ihrer Trainerin auch große Anerkennung ein. Kerstin war ehrgeizig, aber es half ihr auch, wenn sie spürte, dass Inge ihr noch bessere Leistungen zutraute. Dann wagte sie sich an Sprünge und Elemente, die sie ohne den Ansporn ihrer Trainerin nie probiert hätte.

Dafür ist Kerstin dankbar. Sie sagt von sich, dass sie selbst heute in ihrer aufopferungsvollen Tätigkeit als Kinderkrankenschwester im Deutschen Herzzentrum Berlin oft Dinge in Angriff nimmt, die zwar anstrengend und aufwendig sind, die aber getan werden müssen. Und da hilft ihr ihre Erfahrung aus dem Sport. Allerdings stellt sie heute nicht nur an sich, sondern auch an Andere hohe Ansprüche.

Aus der kleinen Kerstin, die manchmal eher schüchtern dreinschaute, ist eine selbstbewusste, attraktive Frau geworden, die weiß, was sie will. Ich ziehe tief meinen Hut, wenn ich mir überlege, welchen Weg Kerstin nach ihrer sportlichen Laufbahn genommen hat. Zunächst hat sie auf der EOS in Berlin Weißensee ihr  Abi gemacht, wollte eigentlich Sprechwissenschaften studieren. Das ging nicht, weil ihre Stimmbänder dazu nicht geeignet waren. Also fiel der Beruf Lehrerin ebenfalls weg. Der nächste Berufswunsch, Hebamme, klappte auch nicht, weil sie mit Abitur dafür überqualifiziert sei, sagte man ihr damals. Aber an der Charité erfuhr sie, dass auch Kinderkrankenschwestern ausgebildet werden. Die 3-jährige Ausbildung absolvierte sie sehr erfolgreich, zunächst in Berlin, dann in Weimar, wo sie mit ihrem Mann 5 Jahre lebte. Er studierte dort Architektur. Das Examen bestand sie mit Bravour, obwohl sie mit Ulrike, ihrer ersten Tochter, schwanger war. Ulrike wurde im August 1983 geboren. Kerstin ging 1985 nach Berlin zurück, arbeitete in Buch als Kinderkrankenschwester. 1987 wurde Fränze geboren, Kerstins zweite Tochter, mit der sie ein besonders inniges Verhältnis hat. Seit 1993 arbeitet Kerstin im Deutschen Herzzentrum Berlin im Dreischichtsystem. Wie sie das schafft, wollte ich wissen: „Weil ich mich fit halte und weil ich an mich glaube". sagt sie. Jeden Tag, vom Frühjahr bis in den frühen Herbst, fährt Kerstin mit dem Fahrrad von ihrer Wohnung in Berlin Pankow zur Arbeit. Das ist fast eine Art Überlebenstraining. Ohne diese sportliche Betätigung würde sie mit der psychischen Belastung, der Sorge um ihre kleinen Patienten, die alle am Herzen erkrankt sind, nicht klar kommen.

Sie schätzt, dass im Jahr mehr als 2500 Kilometer auf dem Fahrrad zusammen kommen. Kein Wunder also, dass Kerstin gertenschlank ist und bei bester Kondition.  Ein Geheimnis lüftet sie nach 3 Stunden schließlich auch noch: „Ich war keine Naschkatze, süße Sachen konnten mich nicht in Versuchung bringen." So hatte sie weniger Probleme als andere während ihrer Eiskunstlaufzeit. Aber ihre Kinder beschwerten sich manchmal: „Mutti, du kaufst uns nie Schokolade!" **CSE**

Abb.: Kerstin (4. v.l.) in einem Sommertrainingslager in Biesenthal und als Küken auf dem Eis, bei Willi Petzold nahm auch sie Ballettunterricht auf diesem Bild von 1974 Mario Liebers, Bernd Wunderlich und Christine Errath); Kerstin Mitte der 70-Jahre; Kerstin (2. v.l.) bei der Vorbereitung ihres Spartakiade-Auftritts 1973 und mit ihren beiden Töchtern Ulrike und Fränze.

Puppchen, du bist mein Augenstern
Carola Weißenberg (Fleischhauer)

„Im Winter 1965/66 meldete mich meine Mutter beim Eiskunstlaufen an. Sie hatte einen Aufruf in der Zeitung gelesen, Dynamo suchte Nachwuchs. Ich war damals gerade mal drei, bin am 24. Dezember 1962 geboren. Das Training fand bei Wind und Wetter auf der Eisschnelllaufbahn in Hohenschönhausen statt und oft gab es am Ende Tränen wegen gefrorener Zehen. Die ersten zwei Schuljahre absolvierte ich noch auf der Pestalozzischule. Übrigens holte mich Sträußchen, unser Schlittschuhschleifer, von dort oft mit dem Fahrrad ab, um mich pünktlich beim Training abzugeben. So was wäre heutzutage wohl kaum vorstellbar. Von der dritten Klasse an war ich dann auf der Sportschule Kopenhagener Straße. Von dort aus brachte man uns nach dem Unterricht mit dem Bus zum Sportforum. Später dann wurde ja die KJS im Sportforum eröffnet und wir hatten kurze Wege. Als ich die verschiedenen Prüfungseinstufungen hinter mir hatte, kam ich in die Trainingsgruppe von Inge, aber von 1976 an habe ich wieder bei Biggi Zeller trainiert – bis zum Schluss."
Schon mit 10 Jahren fuhr Carola zu ihren ersten Auslandswettkämpfen nach Wien und nach Leningrad. Später dann nach Moskau, Innsbruck, London, Wolgograd, Nowosibirsk, Zagreb und Banska Bystriza. In der DDR nahm sie in der Junioren- und Seniorenklasse erfolgreich am Pokal „Blaue Schwerter" und an den Kinder- und Jugendspartakiaden teil. An dieser Stelle eine kleine Reminiszenz an die Spartakiaden, die ja in den einzelnen Bezirken und landesweit ausgetragen wurden. Die Sportler wurden dazu „berufen", erhielten eine „Berufungsurkunde" vom Oberbürgermeister. Darauf hieß es u.a.: *„Das Spartakiadekomitee der Hauptstadt der DDR erwartet von Dir, dass Du Dich gewissenhaft auf diesen wichtigen Höhepunkt in Deinem sportlichen Leben vorbereitest, mit besten Leistungen in Schule, Beruf und in Deiner sportlichen Disziplin das Ansehen unserer Hauptstadt der*

DDR würdig vertrittst." Auf einer anderen Urkunde heißt es: *„Unsere sportlichen Erfolge dürfen nicht zur Selbstzufriedenheit verführen. Sie sind vielmehr Ausgangspunkt für noch höhere Leistungen."* Für Carola und die meisten anderen Läufer der Sektion eine Selbstverständlichkeit. 1974, mit 12 Jahren, startete sie erstmalig bei DDR-Meisterschaften. 1978 und 79 wurde sie Vizemeisterin, 1980 belegte sie den 3. Platz. Zwischen 1978 und 1980 nahm sie an Europa- und Weltmeisterschaften teil, wurde bei der EM 7., 5. und wieder 7. Bei der WM belegte sie den 10., 9. und 13. Platz. „Nach der WM 1980 hörte ich sofort auf mit dem Eislaufen und beendete ein Jahr darauf meine Schulausbildung, trotz aller Androhungen von Funktionärsseiten, noch auf der KJS", erinnert sich die heute 47-Jährige. Sie absolvierte danach ein Studium als Lehrerin für die Unterstufe und arbeitete bis 1992 in Berlin als Lehrerin. Dann zog sie mit ihrer kleinen Familie (seit 1987 ist sie mit ihrem Thomas verheiratet, 1988 wurde Sohn Michael geboren) nach Bayern. Hier leben sie nun, in ländlicher Idylle, in Scheyern nahe München. Carola machte noch einmal eine Ausbildung zur „Staatlich anerkannten Erzieherin". Seit acht Jahren leitet sie den Kindergarten der Gemeinde mit zur Zeit 85 Kindern im Vorschulalter.

Eine kleine Episode an dieser Stelle soll noch einmal an die Kinder- und Jugendspartakiade erinnern. Unter der Schlagzeile „Gold und Silber für Kerstin und Carola" war in Nummer 2/1973 der „Trommel", der Zeitung für Jungpioniere, u.a. folgendes zu lesen: *„Lustig zwitschern die beiden Wellensittiche. Carola sitzt vor dem Käfig und gibt Sprachunterricht, immer und immer wieder, fast an jedem Abend das gleiche Bild. „Schade, dass ich sie noch nicht verstehe, aber dazu braucht man eben viel Geduld", sagt die zehnjährige Berlinerin Carola Weißenberg. Viel Geduld braucht das zierliche Mädchen nicht nur, um ihren Wellensittichen das Sprechen zu lehren.*

Carola möchte einmal eine so gute Eiskunstläuferin wie Christine Errath werden. Schon oft hat sie ihr beim Training zugeschaut und auch so manchen Tip bekommen. Mit drei Jahren stand Carola zum ersten Mal auf dem Eis, obwohl sie damals, so erinnert sie sich schwach, die meiste Zeit auf dem Hintern saß. „Puppchen, du bist mein Augenstern" – wenn das Lied in diesen Tagen in der Eislaufhalle in Berlin-Weißensee erklingt, dann beginnt Carolas Kür. Sie zeigt darin Elemente, die vor Jahren noch bei vielen europäischen Spitzenläufern fehlten, z.B. alle Doppelsprünge, die es im Eiskunstlauf gibt. Eine Bronzemedaille, die Carola bei der Spartakiade im vergangenen Jahr gewann, ist noch ihre einzige. Für 1973 hat sie sich viel vorgenommen. Sie will Silber gewinnen ...

Das Sprungtraining an der Longe ist für Carola noch heute ein Trauma:

Ich erinnere mich noch genau an die Einführung des Sprungtrainings mittels einer Longe. Schon allein das Anlegen dieses „Riemengestells" war ein Zeitaufwand. Alle Gurte mussten ja zu den jeweiligen Körpermaßen der Läufer passen (für unsere männlichen Sportler immer ein Problem, weil es im „Zwickel" kniff). Die besondere Brisanz bestand beim Springen dann in der Feinabstimmung zwischen Sportler und Trainer. 1. Variante: Sportler ist noch nicht im Bewegungsablauf beim Absprung, Trainer zieht aber schon. Man flog hoch, obwohl man noch nicht bereit war. 2. Variante: Sportler springt ab, Trainer zieht noch nicht an der Longe, Sportler trifft mit dem Kopf an die im Riemengestell befindlichen Querstange. War oft recht schmerzhaft. 3. Variante: Der Trainer zog zu lange und zu hoch. Man hing in der Luft, die Flugphase war viel zu lang, und man drehte 3 bis 4 Mal. 4. Variante: Der Trainer lässt die Longe schon während der Flugphase locker, und schon hatte man während des Sprunges den Querholm auf dem Kopf. Was für eine Kraftverschwendung, nur, um für einige Male den Bewegungsablauf zu erfühlen. Ich glaube nicht, dass es viel gebracht hat, aber andere sehen es vielleicht ganz anders. Für die Trainer(innen) war es doch jedes Mal ein Kraftakt, wie oft gab es Spannungen, wenn sie erschöpft waren, weil es einfach nicht klappen wollte.

Abb.: Carola im Gespräch mit Christine; die sechs Jahre Ältere feilt 1973 mit Carola an deren Haltung; Carola im Jahr 1980; die umstrittene Longe.

Sein Markenzeichen:
Der dreifache Axel
Mario Liebers

Heutzutage zählt der dreifache Axel zum Repertoire der internationalen Spitzenklasse ganz selbstverständlich dazu. Vor 30 Jahren sah das noch ganz anders aus. Es glich einer Sensation, als der Berliner Dynamo-Läufer Mario Liebers im Dezember 1977 bei einem internationalen Wettkampf in Moskau den schwierigsten aller Sprünge wagte – und stand. In der Geschichte des Eiskunstlaufes war das bis dato noch keinem Läufer gelungen. Lediglich dem US-Amerikaner Gordon McKellen glückte der Sprung bei der WM 1974 – allerdings nicht im Wettkampf, sondern beim Schaulaufen.

Mario gelang der „Königssprung" schon im Herbst 1976 – beim Training. „Ich hatte andere Dreifache drauf wie Rittberger, Flip oder Salchow und probierte den Axel mehr so für mich zum Spaß", erinnert sich der heute 50-Jährige. Unglaublich, aber so soll es gewesen sein, wissen Zeugen: Schon der 5. Versuch gelang.

33 Jahre danach mache ich mich an einem kalten Wintertag auf den Weg nach Weißensee. Hier, unweit des Faulen Sees, wohnt Familie Liebers in einem hübschen Einfamilienhaus – Mario, seine Frau Kerstin (Die beiden haben schon ihre Silberhochzeit hinter sich!) und die Söhne Martin und Peter. Die Brüder sind längst in die Fußstapfen des Vaters getreten. Martin, geboren 1985, war von 2005 bis 2008 vier Mal Dritter der Deutschen Meisterschaft. Kürzlich wechselte er zum Paarlauf und ging nach Chemnitz. Sein 21-jähriger Bruder Peter ist zweifacher Vizemeister (2007/2010) und wurde 2009 Deutscher Meister. Zur Finlandia Trophy in Vantaa bei Helsinki hatte er im Oktober 2009 erstmals die Norm für die Olympischen Spiele 2010 in Vancouver geschafft. Letztlich fehlten ihm zum Sieg bei den Deutschen Meisterschaften 2010 kurz vor Weihnachten 2009 in Dortmund keine zwei Punkte. Die Fahrkarte nach Vancouver erlief sich sein acht Jahre älterer Trainingskamerad Stefan Lindemann.

Bei meinem Besuch 14 Tage zuvor ist Peter noch voller Hoffnung. Er ist ehrgeizig und motiviert, springt u.a. den Vierfach-Toeloop (!), doch in der Vergangenheit hatte er viele Verletzungen wegzustecken. Beim nächsten Mal wird er es schaffen. Und die nächste Herausforderung für ihn steht schon vor der Tür - die Weltmeisterschaft in Turin. In Dortmund waren noch nicht einmal die Noten auf der Anzeige-

tafel erschienen, da machte sich Peter schon auf den Weg, seinem Trainingskameraden Stefan zum 1. Platz zu gratulieren. Seine Herzlichkeit dabei trieb nicht nur der gemeinsamen Trainerin Viola Striegler die Tränen in die Augen ...
Peter möchte noch lange weiterlaufen, ganz im Gegensatz zu seinem Vater, der mit 21 Jahren aufhörte. Nicht ganz freiwillig allerdings. Mario: „Berlin sollte 1980 Paarlauf-Zentrum werden und mir wurde nahe gelegt, zum Paarlauf zu wechseln. Ein halbes Jahr habe ich das so recht und schlecht versucht, hatte dann eine Sprunggelenks-Verletzung und hörte deshalb mit dem Eislaufen ganz auf." 1982 legte Mario sein Abitur an der KJS ab und studierte nach seinem Grundwehrdienst Zahnmedizin an der Humboldt-Universität. Seit 1991 betreibt er mit einem Kollegen eine Praxis in Berlin.

Doch zurück zu den Anfängen. Wie Peter fing auch Mario schon mit 4 Jahren mit dem Eislaufen an. Aufgrund einer Annonce meldete seine Mutter seinen älteren Bruder 1964 zum Training beim SC Dynamo in der Werner-Seelenbinder-Halle an. Mario schaute zu, versuchte dann auch erste Schritte auf dem Eis und Brigitte Zeller holte ihn in ihre Trainingsgruppe. Mario erinnert sich: „Danach kam ich zu Frau Hansen, sollte dann aber 1966 zu Inge Wischnewski in die Gruppe, zu den ‚Großen'. Inge war wohl nicht so begeistert von mir. Ich kam mir irgendwie auch immer vor wie das 5. Rad am Wagen. Deshalb wollte ich eigentlich wieder aufhören, kam dann aber 1970 wieder zu Frau Zeller zurück."
In den „Jahresbeurteilungen der sportlichen Entwicklung", einer Art Zeugnis, kann man u.a. folgendes über ihn erfahren. „Mario hat in der vergangenen Saison in seinen sportlichen Leistungen gute Fortschritte gemacht. Den sichtbarsten Leistungsanstieg hatte er im Pflichtlaufen. In der Kür hat er Mängel in der Sprungkraft und der Sprungtechnik." (Inge Wischnewski, Juli 1969). Ein Jahr darauf heißt es: „Mario gelang es mit besonders guten Pflichtleistungen in die Norm IV aufzusteigen. Bei der Mehrzahl der Wettkämpfe belegte er den 1. Platz." (Inge Wischnewski). Und 1971, in der 5. Klasse, wird ihm bescheinigt: „Durch gute Einsatzbereitschaft im Training und Wettkampf gelang es Mario, mit ausgeglichenen Pflicht- und Kürleistungen die Meisterklasse zu erreichen." (Brigitte Zeller).

Peter, der sich aktiv an unserem Gespräch beteiligt, staunt. „Was es damals alles gab!" Und dann erzählt er von heute, den exakten wissenschaftlichen Berechnungen über Flughöhe und -geschwindigkeit bei einem Sprung, aber auch davon, dass heutzutage für viele dieser Sport finanziell eine Hürde darstellt. Startgeld, Kleidung und Schlittschuhe – allein dafür sind Hunderte von Euro zu zahlen. Um solche Dinge mussten sich sein Vater und dessen Eltern damals keine Sorgen machen. Bei ihm ging es sportlich endlich aufwärts. Bei seinem ersten Auslandsstart 1971 wurde er Fünfter, mit 11 Jahren schaffte er die Norm für die Meisterklasse. Zur Kinder- und Jugendspartakiade 1973 und 74 belegte er jeweils den 2. Platz. Ebenfalls beim „Internationalen Wanderpokal des DELV" im November 1979. Überhaupt schien er auf den 2. Platz abboniert zu sein. Ohne Unterbrechung wurde Mario fünf Mal zwischen 1976 und 1980 Vizemeister der DDR (immer hinter Jan Hoffmann aus Chemnitz). Da führte (auch bei den Damen und Herren Preisrichtern) einfach kein Weg dran vorbei. Mit seiner Trainerin Inge hatte er als Teenager zuweilen so seine Probleme. Mario: „In dem Alter hat man ja so seinen eigenen Musikgeschmack. Und Inge war 30 Jahre älter, liebte zum Beispiel sehr Mireille Mathieu. Um das Pflichttraining zwischen 7 und 11 Uhr morgens aufzulockern, lief da so ein Spulentonband. Doch Alice Cooper oder Deep Purple (das war meine Welt) ging mit Inge gar nicht. Da lief halt diese Mathieu rauf und runter."

Aus heutiger Sicht sieht er es anders, aber die absolute Strenge im Training war ihm manchmal zuviel. „Da ging der Spaß am Laufen verloren." Dennoch erreichte Mario beachtliche internationale Erfolge. Bei Weltmeisterschaften wurde er 1978 Neunter, 1979 dann 14. und 1980 Zwölfter. Bei Europameisterschaften errang er zwischen 1976 und 1980 einen 6., einen 7., zwei 8. und einen 11. Platz. Am 12. Juni 1978 wurde er für Olympia 1980 berufen. Obwohl er in dieser Zeit und danach stets der zweitbeste Läufer der DDR war, durfte er dann nicht mit nach

Lake Placid fahren. Mit Jan Hoffmann aus Karl-Marx-Stadt, der damals die Silbermedaille errang, ist er indes noch heute in Kontakt. Nach Beendigung seiner aktiven Laufbahn blieb das Thema Eiskunstlauf im Hause Liebers weiter aktuell. Dafür sorgten schon seine beiden Söhne. Doch inzwischen hat Mario noch ein anderes Hobby, seine Eisenbahnanlage. Quer durch den Garten laufen die Schienen. Mit seiner Begeisterung hat er inzwischen die ganze Familie angesteckt. *ID*

Abb. Mario Liebers mit seinem Sohn Peter zu Hause in Berlin-Hohenschönhausen; Mario am Beginn seiner Karriere etwa 1967; „abonniert" auf den zweiten Platz, auch bei der DDR-Meisterschaft nach Jan Hoffmann; neben Peter trat auch Martin (mittlerweile Paarläufer, im linken Foto rechts) in die Eislauf-Fußstapfen des Vaters, Peter wurde 2009 Deutscher Meister. Foto rechts von Dave W. Carmichael.

Das große Sprungtalent
Ralf Lewandowski

In den Medaillenspiegeln großer internationaler Eiskunstlaufmeisterschaften der 80-er Jahre wird man vergeblich nach dem Namen Ralf Lewandowski suchen. Dabei war der Junge aus dem Prenzlauer Berg ein sehr guter Kürläufer und ein großes Sprungtalent. Schon im zarten Alter von 14 legte der heute 44-Jährige mehrere Doppelsprünge ohne Fehl und Tadel aufs Eis, vom Toeloop über Salchow und Rittberger bis zu Lutz und Axel. „Der Doppelaxel war damals mein Lieblingssprung", erinnert sich Ralf. Bei einem Schaulaufen sprang er ihn zehn (!) Mal hintereinander – und das nach der Kür als Zugabe! Später gesellte sich sogar ein Rückwärtssalto dazu. Der allerdings kostete ihn anfangs „ziemliche Überwindung". Woher

der damals gertenschlanke Jüngling die Kraft dazu nahm, bleibt mir ein Rätsel. Genauso, weshalb ein Läufer mit diesen Fähigkeiten nicht einmal bei DDR-Meisterschaften auf dem oberen Treppchen stand.

Dass es dafür mehrere Gründe gab, auch solche, die für den Außenstehenden nicht nachvollziehbar sind (selbst für ihn nicht), erfahre ich, als ich Ralf am 26. Oktober 2009 an seiner jetzigen Wirkungsstätte, der Sauerland-Trainingsanlage im Berliner Olympiastadion, besuche. Seit drei Jahren ist Ralf Physiotherapeut bei „Sauerland Event" und betreut im Boxstall von Ulli Wegner Boxer von Weltklasse. Der bekannte Trainer ist des Lobes voll über Ralf. In der Oktober-Ausgabe der Fachzeitschrift „Box Sport" sagt Wegner: *„Unser Physiotherapeut Ralf Lewandowski ist ein Juwel. Er spricht die Sprache der Jungs und weiß, was Leistungssport bedeutet. Seit seinem fünften Lebensjahr lief Ralf über das Eis und hat bei Weltklasse-Trainern wie Inge Wischnewski seine Ausbildung erhalten."*

Doch drehen wir das Ruder der Zeit 40 Jahre zurück. Ralf war damals knapp 4 Jahre alt, als seine Eltern auf eine Anzeige in der Berliner Zeitung stießen. Per Inserat suchte der SC Dynamo Eislaufnachwuchs. Die Eltern, selbst aktive Sportler (der Vater beim Boxen, die Mutter beim Turnen), meldeten Ralf an. „Von der 3. Klasse an war ich auf der Kinder- und Jugend-Sportschule. Die Jahre davor brachte mich meist meine Mutter zum Training", erinnert er sich. „Viele der Mütter saßen, während wir trainierten, auf einer Bank und strickten." Das Bild hat er noch heute im Kopf. 1975/76 kam er in die Trainingsgruppe von Inge, trainierte u.a. mit Janina Wirth und Alexander König. „Das war wohl schon vor der Meisterklasse", glaubt er zu wissen. „Ich war ein miserabler Pflichtläufer, aber in der Kür war ich in meinem Element", gesteht er. Besonders die Sprünge hatten es ihm angetan. Gern erinnert er sich an das Trockentraining in der Turnhalle auf dem Trampolin oder die Einübung der Sprünge auf dem Eis an der Longe. Ein Riesenspaß für ihn. Als einer der ersten der gesamten Herrenkonkurrenz stand er den 3-fachen Axel, den schwierigsten aller Sprünge. „Das muss bei einer DDR-Meisterschaft gewesen sein." Auch das Tänzerische, die Schrittkombinationen, lagen dem jungen Läufer. Gern erinnert er sich an den Ballettunterricht bei Antje Funke, der Tänzerin aus dem Friedrichstadtpalast. Bei den DDR-Meisterschaften 1981 wurde Ralf hinter Hermann Schulz vom SC Einheit Dresden Vizemeister, 1985 und 86 jeweils Dritter.

„Für Sarajewo 1984 hätte ich die Norm erfüllen können, doch ich wurde nicht nominiert, ebenso nicht für Olympia 1988 in Calgary. Im Dezember 1987 gab es die Vorausscheidung für Olympia in Karl-Marx-Stadt. Ich wurde Erster. Doch es wurde dann überhaupt kein Läufer delegiert. Verstanden habe ich das nicht. Da kriegt man als Sportler irgendwie 'nen Knacks weg."

Vielleicht stand seiner internationalen Karriere ja auch seine bulgarische Großmutter, die im westlichen Ausland lebte, „im Weg". Außerdem gab es mit Falko Kirsten (SC Einheit Dresden) und Nils Köpp (SC Karl-Marx-Stadt) auch starke Konkurrenz aus dem Süden der Republik.

Ralf trainierte damals schon bei Rolf oesterreich. „Frau Wischnewski war ja als Cheftrainerin verabschiedet worden." Er ist noch heute überzeugt: „Mit ihr wäre ich weiter gekommen. Sie war einfach eine Klasse-Trainerin, ein richtiger Fuchs. Sie konnte jeden ihrer Sportler genau einschätzen, ihm quasi in die Seele gucken. Rolf Oesterreich fehlte als jungem Trainer noch die Erfahrung, er hatte auch ein anderes Trainingskonzept. Ich fühlte mich überfordert, war öfter mal verletzt, wollte sogar den Trainer wechseln, doch das war nicht möglich. Man meinte dann, ich hätte als Einzelläufer keine Perspektive und sollte zum Paarlaufen oder zum Eistanz wechseln. Da habe ich dann aufgehört."

Ein endgültiger Abschied vom Eis war es indes nicht. 1990 machte er seine ersten Show-Erfahrungen in der „Berliner Eis-Show", der ersten Eisrevue in den neuen Bundesländern, die Deutschland weit und in der Schweiz tourte. Ins Leben gerufen hatten sie Christine Errath und Heidi Steiner-Walther.  Danach holte Katarina Witt Ralf in ihre Eisrevue. Zwei Jahre tourte er noch einmal mit ihr, wirkte auch in dem Film „Carmen on Ice" mit. 1986 hatte er neben dem Eislaufen eine Lehre als Physiotherapeut begonnen, arbeitete dann seit 1992 in diesem Beruf. Zunächst an der Charité, dann viele Jahre selbständig, schließlich in einer Fußball-Kreisliga, ehe er zu Sauerland kam. Ralf ist seit 1992 mit seiner Andrea verheiratet, hat eine 16-jährige Tochter und lebt mit seiner Familie bei Bernau. Die Schlittschuhe hat er damals nicht endgültig an den Nagel gehängt. „Ab und an bin ich mit meiner Tochter aufs Eis gegangen."
Er hat sogar noch seine damaligen Eislaufschuhe. Die von Schuhmacher Wilhelms aus Berlin-Hohenschönhausen. „Das waren einfach die besten." ***ID***

Abb.: Ralf als Zehnjähriger; in der Hochzeit seiner Karriere; mit der Goldmedaille nach einem Pokalwettkampf in Banska Bystrica; im Oktober 2009 als Physiotherapeut bei Sauerland Event im Berliner Olympiastadion.

Sie merkte, ob man in den Ferien faul war
Ralf über Inge Wischnewski

Für die Ferien oder den Urlaub bekamen wir immer einen Trainingsplan in die Hand, damit wir in Form blieben. Schwimmen, Laufen, Gymnastik etc. Aber: Meistens war man faul. Nach den Tests in den sich anschließenden Trainingslagern bekam man dann schnell Muskelkater. Inge merkte ganz genau, ob einer faul oder fleißig gewesen war. Aber sie hat nie wirklich geschimpft. Bewundert habe ich immer ihre Ausdauer beim Aussuchen der passenden, also dem jeweiligen Typ entsprechenden Kürmusiken. Stunden verbrachte sie damit. Im Pflichttraining hat sie viel mit mir geschimpft, aber zu Recht! Bei der Zusammenstellung der Kür hatte man als Läufer auch ein Mitspracherecht, konnte eigene Ideen einbringen. Man musste eben was anbieten und sie überzeugen.

Zweimal von Berlin nach Oberstdorf
Alexander König

Es ist kurz vor Weihnachten 1981. In Oberstdorf werden die Junioren-Weltmeisterschaften 1982 im Eiskunstlaufen ausgetragen. Der SC Dynamo Berlin ist gut vertreten. Mit dem Junioren-Paar Babette Preußler/Torsten Ohlow und zwei Einzelläufern – Janina Wirth und Alexander König – die beiden Schützlinge von Inge Wischnewski. Die Teilnehmer dürfen nicht älter als 16 sein. Alex ist am 23. August 15 geworden. Während sich Janina die Goldmedaille erläuft und das Berliner Paar den 3. Platz belegt, fällt Alex nach einer guten Pflicht im Kurzprogramm auf

den 7. Platz zurück. Doch dann läuft er eine super Kür. Dennoch glaubt die Trainerin ihren Augen nicht zu trauen, als die Ergebnisse angezeigt werden. Inge: „Wir dachten zuerst, der Computer hat durchgedreht, ein Sprung vom 7. auf den 3. Rang, das ist unglaublich." Alexander fährt mit einer Bronzemedaille nach Hause. 27 Jahre sind vergangen seit damals. Und Alexander ist wieder in Oberstdorf, dem Ort seines frühen Erfolges. Er ist 2008 als Trainer zurück gekehrt, trainiert im Eissportzentrum an der Seite von Michael Huth Juniorenläufer wie Isabelle Glaser oder Ariane Wittmann. Inzwischen hat er selbst eine Tochter im „Juniorenalter". Antonia bereitet sich in Berlin gerade auf ihr Abitur vor. Eigentlich war sie ja mit nach Oberstdorf gezogen, doch nach einem halben Jahr zog`s das junge Mädchen wieder ins quirlige Berlin. Reporterglück, denn Papa Alex kam Anfang Dezember auf einen Besuch vorbei und so konnten wir uns ganz in der Nähe vom Sportforum verabreden.

Alexander König zu treffen, das hatte sich als ziemlich schwierig erwiesen. Wenn er nicht gerade in Oberstdorf seinen Trainerpflichten nachkommt, ist er mit seinen Schützlingen unterwegs zu Wettkämpfen. Oder er ist als Preisrichter tätig, genauer gesagt, als „Technischer Spezialist". Das heißt, er macht nach dem Programm eines Läufers oder Paares Sprunganalysen am PC, hält akribisch fest, welcher Sprung wie ausgeführt wurde. Ob z.B. ein Dreifacher wirklich drei- oder nur zweieinhalbfach gedreht wurde. So etwas gab es zu seiner Zeit als Eiskunstläufer noch nicht. Und die begann 1972. Da war er gerade 6 und seine Familie war von Eilenburg (Sachsen) nach Berlin umgezogen. 1976 kam er zu Inge Wischnewski. Erfolgreich hatte er an mehreren Spartakiaden und internationalen Jugendwettkämpfen teilgenommen, war 1981 und 83 jeweils Dritter bei den DDR-Meisterschaften, 1984 dann Zweiter hinter Falko Kirsten aus Dresden. Mit ihm und Nils Köpp, ebenfalls aus Dresden, hatte er zwei „Konkurrenten", an denen er einfach nicht vorbei kam. *„Durch diesen Leistungsdruck fühlte ich mich ständig irgendwie gehetzt, wie auf der Flucht",* erinnert er sich noch genau. Und es gab Ungereimtheiten wie 1982 zur EM in Lyon. „Falko Kirsten und Hermann Schulz waren krank, also durfte ich nach Lyon fahren. Nach der Pflicht lag ich auf dem 9. Platz. Danach sagte man mir, dass ich aussteigen soll", erinnert er sich. Erklärt hat ihm das keiner. Da liegt der Verdacht nahe, dass Alex nur aus Kalkül zur EM fahren durfte. Denn nur, wenn mindestens ein Läufer teilnahm, durfte auch ein Preisrichter aus der DDR mitfahren.

Es sei sein eigener Entschluss gewesen, 1984 zum Paarlaufen zu wechseln, sagt Alex. Da traf es sich gut, dass die 14-jährige Katrin Kanitz vom TSC gerade einen Partner suchte. Mit ihr begann er bei Angelika Heise zu trainieren. „Das war für mich wie eine Therapie, plötzlich hatte ich wieder Freude und Spaß auf dem Eis." Doch seine Partnerin hatte einen Wachstumsschub. Seine Trainerin Heidi Steiner-Walther (bis 1990, danach Knut Schubert) fand eine neue Partnerin für Alex – Peggy Schwarz. Mit ihr lief er bis zum Ende seiner Eislaufkarriere 1994. Die beiden erkämpften sich bei DDR-, später Deutschen Meisterschaften, mehrere 1., 2. und 3. Plätze, nahmen bis 1994 an Europa- und Weltmeisterschaften sowie Olympia teil. Ihre beste Platzierung war die Bronzemedaille zur EM 1988.

Noch während seiner aktiven Zeit hatte Alex 1985 eine Ausbildung als Koch begonnen. Sein Plan war, nach seiner Eislaufkarriere eine Hotel-Fachschule zu besuchen. Doch dann kam im Oktober 1995 ein Anruf von der Deutschen Eislauf Union (DEU). In Stuttgart würden Trainer gebraucht, hieß es. „Ich hatte eine Nacht Zeit zum Nachdenken, dann habe ich zugesagt und bin mit meiner Frau Ines und Antonia umgezogen", sagt Alex. Inzwischen hatte er ein Studium an der Trainerakademie in Köln aufgenommen, das er 1997 als „Staatlich geprüfter Eislauftrainer mit einer A-Lizenz der DEU" abschloss. Nach Stuttgart folgte Chemnitz. „Den Ruf von Monika Scheibe empfand ich als Herausforderung, fünf Paare seien für Olympia vorzubereiten, hieß es. Deshalb ging ich mit meiner Familie nach Chemnitz, wurde dann aber als Nachwuchstrainer eingesetzt", zeigt sich Alex noch heute enttäuscht. 2001 zog die kleine Familie wieder nach Berlin, wo Alex bis 2008 als Trainer beim BSV im Wedding arbeitete und Söhnchen Arthur (heute 4) geboren wurde.

Nun also wieder Oberstdorf. Da wird für sein Hobby wohl nicht mehr allzu viel Zeit übrig bleiben. Seit mehr als 25 Jah-

ren hat sich Alex dem Malen und Zeichnen verschrieben. Als Autodidakt. Seine Bilder waren schon in einigen Ausstellungen zu sehen. Inzwischen betätigt sich Alex auch als Kinderbuchautor.

Als zweifacher Vater und Trainer von Eislaufküken mangelt es da nicht an Ideen und Anregungen. Sein erstes Buch nannte er „Sommereis". Gerade hat er sein zweites Buch illustriert. Nun sucht er noch nach einem zündenden Titel für sein Werk. „Flockenträume" könnte es heißen. Denn die Geschichten haben, wie könnte es anders sein, alle irgendwie mit dem Eislaufen zu tun. Schließlich hat dieser Sport sein Leben geprägt. Seine Zukunft sieht der 43-Jährige so: „Bis 50 möchte ich Trainer bleiben und dann werde ich weiter sehn ..." **ID**

Abb.: Alexander im November 1981 beim Pokal der blauen Schwerter, einen Monat später wird er bei der Junioren-WM Bronze erringen; mit seiner Eislaufpartnerin Peggy Schwarz in der Kabine; Alexander als Nachwuchs-Trainer in Grimma und Berlin; mit Familie an der Ostsee und mit Tochter Antonia im Dezember 2009

Alexander über seine Trainerin Inge Wischnewski

Ich glaube, sie hat es nicht leicht gehabt unter all den Zwängen damals. Sie war eine unermüdliche Arbeiterin, keine Taktiererin wie es einige andere waren. Das kann man nicht hoch genug einschätzen. Das Training bei Inge war nie langweilig. Selbst das eigentlich monotone Pflichtlaufen konnte bei ihr spannend sein. So erfand sie ein Kärtchensystem, das uns anspornen sollte. Auch durften wir meistens die Musik aussuchen, die im Background lief. Als Trainer-Neuling hatte ich später immer ihre Art und Weise des Trainings im Hinterkopf. Selbst heute, nach 15 Jahren als Trainer, stelle ich mir oft noch die Frage: Wie hätte das jetzt Inge gemacht?

Die Juniorenweltmeisterin
Janina Wirth (Weiß)

Es ist kurz vor Weihnachten 1981. In Oberstdorf gehen die Juniorenweltmeisterschaften 1982 ihrem Ende entgegen. Es ist Sonnabend und 24 Mädchen, die besten Nachwuchsläuferinnen der Welt, laufen ihre Kür. Unter ihnen Janina Wirth (14). Wenige Stunden später wird sie ihren 15. Geburtstag bereits als „Juniorenweltmeisterin" erleben. Der ehemalige Eiskunstläufer aus Mailand, Carlo Fassi, zweifacher Europameister und einmal Dritter bei Weltmeisterschaften, nun aber längst einer der erfolgreichsten Trainer der Welt, steht an der Bande und ist verblüfft. Ratsuchend wendet er sich an Inge Wischnewski, die Trainerin aus der DDR, und fragt: „Wo zum Teufel kommt denn diese Janina Wirth plötzlich her?" Da huscht ein Lächeln über Inges Gesicht und sie klärt den großen Cheftrainer aus

Colorado/USA auf. Schließlich ist Janina seit 1976 ihr Schützling beim SC Dynamo Berlin.

Zwar war Janina bis dato noch nie bei Europa- oder Weltmeisterschaften dabei gewesen, sie war ja noch keine 15 Jahre alt, aber immerhin war sie auch schon bei internationalen Wettkämpfen in Europa erfolgreich, etwa 1980 beim „Richmond-Cup" in London, wo sie Zweite wurde. Oder zwei Mal Erste und ein Mal Dritte beim Pokal „Blaue Schwerter" 1980 in Karl-Marx-Stadt oder in Banska Bystrica – ebenfalls Wettkämpfe mit internationaler Beteiligung. Bis nach Amerika war das offenbar noch nicht vorgedrungen, obwohl man die europäische Konkurrenz genau beobachtete. Nun ja, zu dieser Zeit machten halt die Namen Anett Pötzsch und Katarina Witt aus Karl-Marx-Stadt Schlagzeilen. Berlin war, was die Eislaufdamen anging, nach dem Weggang von Christine Errath 1976 als Konkurrenz doch längst „abgehakt". Wer zum Teufel also ist Janina Wirth?

Dazu gleich mehr. Erinnern wir uns zuvor, 28 Jahre nach diesem „Überraschungscoup", noch einmal gemeinsam mit Janina (2009 war sie 43 Jahre und stolze Mutter zweier gut geratener Töchter) an die Tage in Oberstdorf. Nach der Pflicht lag Janina auf dem 4. Rang. Mit einer traumhaften Kurzkür verbesserte sie sich auf den 2. Platz. Janina: „Es lief alles wie von selbst. Die Kombination Doppelflip, Dreifach-Toeloop stand ich wie eine Eins." Dabei musste Janina nach dem „Sprungwunder" aus Japan, der 12-jährigen Midori Ito, laufen, die damals schon sieben Dreifachsprünge stand. Und das bei Janinas sprichwörtlich zart besaitetem Nervenkostüm! Mit ihrer ausdrucksstarken Kür überholte sie schließlich noch Cornelia Tesch (BRD) und errang Gold. Der Japanerin gelang übrigens der sensationelle Sprung vom 19. Platz nach der Pflicht auf den 6. Rang der Gesamtwertung. Mit ihren 1,35 Meter war sie die Kleinste.

„Klein" hat auch Janina einmal angefangen. Sie wuchs in einer sportlichen Familie auf. Vater Günther „Wibbel" Wirth war zwischen 1954 und 62 der wieselflinke Linksaußen der Fußball-Nationalmannschaft der DDR und spielte beim ASK Vorwärts Berlin, Mutter Renate war Handballerin und auch ihre Geschwister Gabriele, Gundula, Peter und Michael waren aktive Sportler (Geräteturnen und Fußball). Janina begann schon als Vierjährige mit dem Eislaufen. „Wir wohnten damals in der Nähe des Alexanderplatzes und mein Vater nahm mich öfter mal mit auf eine Spritzeisbahn hinter dem Berolinahaus", erinnert sie sich. Im September 1971, Janina war noch keine Fünf, fuhren Oma und Mutter mit ihr zum Sportforum nach Hohenschönhausen. Der SC Dynamo suchte per Annonce Eislaufnachwuchs. Janina: „Ich begann bei Hildegard Taupadel, kam dann zu Frau Stolfig, später zu Frau Niegel, zu Brigitte Zeller und 1976 schließlich zu Inge Wischnewski." Übrigens gemeinsam mit Ralf Lewandowski und Alexander König, denn Inge musste damals ihre Meister-Schützlinge Carola Weißenberg und Mario Liebers wieder einmal abgeben und von vorn anfangen. Dass Christine nach der Olympiade 1976 in Innsbruck aufgehört hatte, nahm man der Trainerin übel. Doch dazu mehr an anderer Stelle. Janina weiß noch genau: *„Ich hatte ein bisschen Angst vor ihr. Für mich war sie eine Autorität, die große Frau Wischnewski! Wenn sie losbrüllte, wackelte schon mal das Hallendach. Und ich hatte doch kein bisschen Selbstbewusstsein. Die Angst hat sich dann schnell gelegt, als ich Inge richtig kennen lernte. 1979 durfte ich zum ersten Mal*

an einem internationalen Wettkampf im Westen teilnehmen. Er war in Wien. Mit unserem Taschengeld gingen wir in ein großes Kaufhaus. Da gingen mir als Zwölfjährige die Augen über. Ich kaufte mir eine Jacke, ein Puzzle und plötzlich hatte ich alles bis zum letzten Schilling ausgegeben. Ich hätte nicht mal zurück ins Hotel fahren können. Doch Inge schimpfte nicht und gab mir das Fahrgeld aus eigener Tasche."

Janina nahm erfolgreich an Kinder- und Jugendspartakiaden teil, am „Richmond-Cup" in London, am Pokal Blaue Schwerter und war 1982 und 83 jeweils Zweite hinter Kati Witt bei DDR-Meisterschaften. Bei der EM in Lyon 1982 belegte sie den 9., 1983 in Dortmund den 8. Rang. Sie wurde 12. bei der Weltmeisterschaft 1982 in Kopenhagen und belegte 1983 in Helsinki den 11. Platz. „Da durfte meine Trainerin nicht mitfahren und ich wurde von Jutta Müller betreut, was für mich als nervenschwache Läuferin nicht gerade günstig war", sagt Janina. 1983 kam sie in die Vorauswahl für die Olympiade 1984 in Sarajewo. Es gab einen Sommer-Lehrgang und Janina musste auf die Waage. „Bei meinen 1,67 Meter wog ich 54 Kilo, das waren 1,5 Kilo zuviel", erinnert sie sich. „Inge packte mich in drei Trainingsanzüge, ich stieg aufs Ergometer und schwitzte tüchtig. Nach einem Trainingswettkampf sollten die beiden Erstplatzierten nach Italien zur Olympiavorbereitung. Ich wurde Zweite, doch Jutta Müller meinte, man könne mich wegen meiner Disziplinlosigkeit (also den anderthalb Pfund zuviel) nicht noch belohnen. Ich durfte also nicht mitfahren. Wollte dann mit dem Eislaufen aufhören. Ich wurde zum Gespräch bestellt und unser damaliger Sektionsleiter Ralf Stein und der Clubleiter Herr Büttner überredeten mich zu bleiben. Ich habe heimlich Abführtabletten genommen, manchmal bis zu 20 am Tag, um das erwünschte Gewicht zu halten, bekam Bauchkrämpfe. Keiner wusste davon, auch Inge nicht. Bei den DDR-Meisterschaften 1984 in Karl-Marx-

Stadt wurde ich dann nur Sechste. Ich war ja eine gute Pflichtläuferin, aber wenn ich mich recht erinnere, kam die Pflicht, oder Teile davon, nicht mit in die Wertung, weil einige Läufer wegen eines Auslandswettkampfes zu spät anreisten. Jedenfalls ist das so in meiner Erinnerung. Beim Kurzprogramm und der Kür scheiterte ich dann, wie so oft, am schwachen Nervenkostüm. Ich habe nur noch geheult und bin gleich abgereist. Meine aktive Laufbahn habe ich dann aus eigenem Entschluss beendet. Ich wusste, an Katarina Witt, die ja seit 1981- ohne Unterbrechung bis 1988 - zur DDR-Meisterin gekürt wurde, wäre ich nie vorbei gekommen."

Im Eröffnungsprogramm des neuen Friedrichstadtpalastes „Premiere: Friedrichstraße 107" im April 1984 sollte Janina neben Christine Errath, Marina Schulz und Gaby Seyfert im Eislauf-Showteil mitwirken. Ihr Foto war auch schon im Programmheft abgebildet. Sie hatte ihre aktive Laufbahn ja beendet, wollte aber im Schuljahr 84/85 noch auf der KJS die Mittlere Reife ablegen. Janina: „Plötzlich hieß es: Wenn ich in der Show mitmache, dürfe ich nicht mehr auf der KJS bleiben." Daraufhin ver-

zichtete Janina auf die Showteilnahme, beendete die Schule und begann eine Friseurlehre. Sie legte ihren Facharbeiterbrief ab. 1989 kam Tochter Natalie zur Welt und 1992 Jennifer. Janina machte eine Umschulung, begann als Kassiererin in einem Supermarkt und arbeitete sich bis zur Filialleiterin hoch. Zeitweise arbeitete sie dann als selbständige Unternehmerin in der Modebranche, seit 2008 ist sie als Filialleiterin in einer Berliner Modeboutique tätig. Mit ihrem zweiten Mann Andreas, ihren Töchtern und Straßenkatze Tweety, ein Mitbringsel aus Griechenland, wohnt Janina in einem Haus in Blumberg bei Berlin. Unterm Dach hat ihr Andreas eine kleine „Trophäenecke" eingerichtet. Da erinnern Urkunden, Medaillen und andere Utensilien an ihre Zeit als Eiskunstläuferin. Auch ein Glückwunschtelegramm von Christine vom Dezember `81 hat sie aufbewahrt. Christine war immer

ihr Vorbild. „Ich mag sie, weil sie nett ist und weil sie oft zu uns Kleinen kommt, Hilfe gibt und viel Spaß macht", sagte sie mit sieben zu einem Reporter. Mit 15 war sie dann selbst das „Titelbild" einer großen DDR-Illustrierten. Aufs Eis ist Janina übrigens nach der Wende auch nochmal gegangen. Christine Errath und Heidi Steiner-Walther holten sie in ihre „Berliner Eisshow". Das war sogar der Bild-Zeitung vom 17. November 1990 Foto und Schlagzeile wert.

Im Programmheft ist zu lesen: „Auf dem Eis findet sich Janina noch großartig zurecht. Den Zuschauern vermittelt sie die Eleganz einer jungen Frau und das Können einer Meisterläuferin." Schade, dass widrige Umstände sie damals aufgeben ließen. Sie war ja erst 17, sehr ehrgeizig und hätte noch viel erreichen können. **ID**

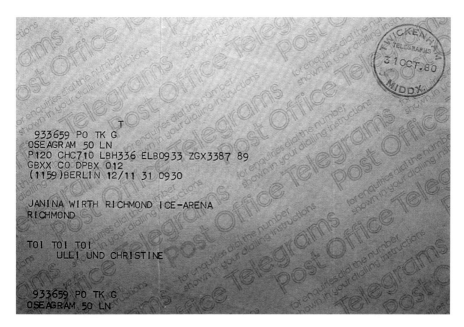

Abb.: Janina als Siegerin in Bansky Bystrica; bei Hildegard Taupadel war sie die „Erste" in der Reihe; als „Marienkäfer" und als Squaw; bei DDR-Meisterschaften war an Katarina Witt kein Vorbeikommen; Janina mit ihrer Trainerin Inge und bei der „Berliner Eisshow" (mit Marina Schulz und Karin Hendschke, v.l.n.r.) ; das Telegramm von Christine Errath kam 1980 in der Eisarena tatsächlich an.

Janina über ihre Trainerin Inge
„... dann platzt der Mond!"

Inge war schon eine ganz enge Bezugsperson für uns Läufer. Ich kann mich an viele Gruppenbesprechungen erinnern. Da saß die Trainingsgruppe auf der Couch im engen Trainerzimmer der Eishalle und Inge konnte richtig laut werden. Für mich war das sogar gut, weil viele meiner Fehler oder Schwächen der extremen Nervosität geschuldet waren. Ich schaltete also in solchen Situationen ab, so unter dem Motto: Lass sie nur schimpfen, ist eh alles egal. Dann wich die Anspannung von mir und alles lief wieder gut. Dass Inge nie auf ihre Autorität pochte und manches mit Humor nahm, zeigt folgende kleine Episode: Es war1982 zur DDR-Meisterschaft in Karl-Marx-Stadt. Wir Sportler saßen im Hotelzimmer und haben zu später Stunde ein wenig gefeiert. Inge erwischte uns dabei. Sie sagte nur: „Und wenn det morgen nich läuft beim Wettkampf, dann platzt der Mond." Es lief. Ich wurde Vizemeisterin nach Kati Witt.

Der letzte Berliner Schützling von Inge Wischnewski
Chantal Richter (Volkmann)

Chantal, geboren am 3. April 1985, war noch keine drei Jahre, als sie zum ersten Mal auf dem Eis stand. Das war im Februar 1987 und bereits ein Jahr darauf hatte sie ihren ersten Eiskunstlauf-Wettbewerb – die Clubmeisterschaft ihres damaligen Vereins „Neuköllner Sportfreunde 1907 e.V.". 1990 hatte die damalige Landestrainerin Brigitte Zeller einen Blick auf das Mädchen geworfen und sie zum Sportforum Hohenschönhausen geholt. Mit der 7. Klasse (1997) kam Chantal als D-Kader in die „Werner-Seelenbinder-Sportschule" und begann auch bei Inge Wischnewski zu trainieren (bis 2001). „Mit ihrer Unterstützung lernte ich den Doppelaxel und verschiedene Dreifachsprünge", erinnert sich Chantal. Am Training mit Inge habe sie besonders geschätzt, dass die Trainerin sie in den Aufbau der Kürprogramme und der Choreografie immer voll mit eingebunden habe. „Wir haben unsere gemeinsamen Ideen umgesetzt. Frau Wischnewski hat es auch geschafft, dass ich im Training acht Doppelaxel hintereinander gesprungen bin." 1999 wurde Chantal Zweite beim „Großen Berliner Bären". Bei den Deutschen Nachwuchsmeisterschaften 2000 belegte sie den 5. Platz, bei den Deutschen Juniorenmeisterschaften 2001 wurde sie Vierte.

„Das Training war allerdings nicht immer eitel Sonnenschein für mich", sagt Chantal. „Manchmal haben wir auf dem Weg zu Halle 2 Frau Wischnewski schon von draußen schreien hören und zuweilen gab es gar nicht so viele Taschentücher, wie nötig gewesen wären, um die Tränen zu trocknen. Trotzdem muss ich sagen, dass ich ihr sehr viel zu verdanken habe. Noch heute zehre ich von der Zeit mit ihr, wenn ich meine Eislaufkinder trainiere. Als ich Frau Wischnewski vor etwa zwei Jahren besuchte und wir uns über alte Zeiten unterhielten, sagte ich ihr, dass ich sie aus heutiger Sicht verstehe", erzählt Chantal. „Inzwischen weiß

ich aus eigener Erfahrung, dass Sportler den Trainer manchmal wirklich zur Weißglut treiben können. Inge Wischnewski lachte über meine späte Erkenntnis und (es war gerade Weihnachten) bot mir ein Stück Stolle nach dem anderen an. Jetzt könne ich es mir ja leisten, meinte sie. Damals, während meiner aktiven Zeit, musste ich mich öfter mal ihrer Blickkontrolle unterziehen. Da hieß es dann immer: Jacke aus und einmal um die Achse drehen. Vielleicht war ja doch schon wieder ein Kilo zuviel drauf."

Dankbar ist Chantal ihrer einstigen Trainerin dafür, dass sie „für alle Probleme, die ein junger Mensch so hat, immer offen war, zuhören konnte und Hilfe anbot". Solche Gespräche ergaben sich zum Beispiel in Trainingslagern, etwa im Jahr 2000. „Da war ich mit Frau Wischnewski im Sommertrainingslager in Oberstdorf. Neben dem Training wanderten wir und gingen auch mal lecker Essen." Im Sommer 2006 hörte Chantal endgültig auf mit dem Eislaufen. Sie hatte im Oktober 2005 ein Jurastudium begonnen, das sie im Oktober 2010 mit dem 1. Staatsexamen abschließen möchte. ***ID***

Abb. Chantal Richter (Volkmann) schaffte es in Oberstdorf auf's Treppchen; Chantal mit ihrer Trainerin Inge Ende der 80-er Jahre in Oberstdorf und beim Training.

Der erfolgreiche Berliner Paarlauftrainer
Heinz Friedrich Lindner

Die Geschichte der Sektion Eiskunstlauf des SC Dynamo Berlin ist von Anfang an eng mit dem Namen Heinz Lindner verbunden. Nach der Gründung der Sektion 1955 durch Annemarie Hansen, Inge Wischnewski und den Vater von Irene Müller gehörte der frühere Roll- und Eiskunst-Paarläufer mit Annemarie Kusche und Christa Stolfig zu den Pionieren der Sektion. Seine Schützlinge, u.a. die Paare Wokoeck-Walther, Müller-Dallmer, Steiner-Walther, Weise-Brychzy, die Geschwister Schubert und Groß-Kagelmann, bereitete er mit Erfolg auf das internationale Eisparkett vor. Seine Begeisterung für das Eiskunstlaufen, seine außergewöhnliche Kreativität, seine Beharrlichkeit und Geduld als Trainer und besonders seine Fähigkeit, manche Dinge auch von der heiteren Seite betrachten zu können (seine Späße und Witze sind legendär), sprechen für seine Qualität als Meistertrainer. Und nicht zuletzt die Medaillen seiner Paare bei Europa- und Weltmeisterschaften oder bei Olympia.

Heinz gehörte zu den wenigen „Erwachsenen" in diesem Sport, die alles nicht so verbissen sahen, sagen seine Schützlinge. Er habe sicherlich auch viel einstecken müssen, aber er nahm's halt meistens mit Humor. Er habe nie zu harten Maßnahmen gegriffen oder gebrüllt, heißt es. „Wie Anne Kusche war er Meister der leisen Töne", erinnert sich Christine Stüber-Errath, die ihn, wie viele andere, vor allem bei der Vorbereitung der Eisrevuen live erlebte. „Dabei bewies er unglaublich viel Fantasie und hatte tolle Ideen." Mit Inge war er eng befreundet, obwohl beide von der Mentalität her ja recht unterschiedlich waren. Aber vielleicht ergänzten sie sich gerade deshalb so gut. Heinz schätzte ihre Toleranz, aber auch ihre Beharrlichkeit. 25 Jahre gingen beide ein großes Stück des Weges gemeinsam.

Viele Eiskunstlaufbegeisterte, die vor allem in den 60-er und 70-er Jahren bei Eislaufübertragungen halbe Nächte vor dem Fernseher verbrachten, erinnern sich noch heute gut an den Paarlauftrainer, den „kleinen Mann mit der Pelzmütze". Schlagzeilen machte der Leipziger aber schon viele Jahre zuvor – als aktiver Roll- und Eiskunstläufer. Seine Eispartnerinnen auf Rollen bzw. Kufen waren zuerst seine Schwester Vera, später Therese Geidel, die aus Rostock kam.

Doch wie das damals und später war, das kann er selber viel besser erzählen. Ein Besuch in Müggelheim steht also an. Denn Heinz Lindner hat dort mit seinem Partner Kalle noch mit fast 80 ein schönes Haus mitten im Grünen entworfen und bezogen. Die Anschrift könnte nicht romantischer sein: An der Himmelswiese.

Doch bis zum Himmel ist der Weg hoffentlich noch sehr weit. Und wenn man sieht (vor allem hört), wie höchst lebendig es hier, im „Irdischen", auf dem Grundstück Nummer 9, zugeht, dann ist man fest davon überzeugt. Es ertönt Musik und lautes Gebell, als ich im Oktober 2009 an der Gartenpforte läute. Mehrere Zwergschnauzer kommen angesaust, doch ein energisches Wort von Heinz lässt die Vierbeiner gehorsam zu ihren im Haus verteilten Körbchen trotten. „Kalle ist Hundezüchter und neben den eigenen sind grad ein paar Gäste hier", erklärt Heinz, der eben mal die Rolle des „Dompteurs" übernommen hat. Und irgendwie ist Heinz ja darin Fachmann. Kam es doch in seinem Beruf als Eiskunstlauftrainer vor allem auf pädagogisches Geschick, genaue Beobachtungsgabe, Einfühlungsvermögen, die lauten wie die leisen Töne an. Warum sollte das bei Tieren anders sein. Die lieben Kleinen geben tatsächlich Ruhe und Heinz hat Muse, sich bei einer Tasse Kaffee für mich noch einmal daran zu erinnern, wie alles begann:

„Meine Familie wohnte in Leipzig in der Riebeckstraße, am Hang. Der bot sich prima zum Runterrollen an. Die Rollschuhe waren damals ziemlich schwer, sie hatten noch Eisenrollen. Ich habe erst sehr spät, mit 19, mit dem Rollkunstlaufen angefangen, meine Schwester Vera hat mich zum Training mitgenommen. Wir hatten beim Verein Einheit Ost Leipzig Unterricht bei den Geschwistern Busch, einem Artisten-Ehepaar. Die Wettkämpfe fanden damals teilweise auf der Straße statt. Zu den Ostzonenmeisterschaften 1949 in Erfurt wurde eine Rollschuhbahn aus Fuguritplatten hergerichtet, die auf Balkenkreuzen aufgeschraubt wurden. Auch die Eislaufstiefel waren abenteuerlich, vor allem schwergewichtig. Weil es kein Leder gab, zerschnitt man Schuhe oder Taschen.

1951 war ich zu Lehrgängen in Berlin, 53 bin ich dann nach Berlin gezogen. Inzwischen gab es ja in der Werner-Seelenbinder-Halle die erste Kunsteisbahn. Meistens wohnten wir in der Sportschule Grünau, aber auch zuweilen in der Halle, kochten dort sogar unser Essen. Gemeinsam mit Anne Kusche, Renate Brettschneider, dem Ehepaar Kuhrüber und Inge Wischnewski trainierte ich bei Charlotte Giebelmann, eine schon damals landesweit bekannte Revueläuferin, die einst im Berliner Admiralspalast auftrat."

Weil die Kunstläufer aus der DDR noch schneller zu internationalen Ehren kommen sollten, holte man aus England die Exweltmeisterin Magen Taylor nach Berlin. Doch das war ein Reinfall. Schon nach wenigen Wochen gab sie auf. Dem Trainermangel setzten die obersten Sportfunktionäre auf andere Art ein Ende. Sie beschlossen, Läufer wie Annemarie Kusche, Inge Wischnewski, Heinz Lindner oder

Jutta Müller zu Trainern auszubilden. Die seien mit 25, 26 Jahren ohnehin zu alt, um als Aktive international an vorderster Front mitzumischen und sollten ihre Erfahrungen künftig lieber dem Nachwuchs vermitteln. Begeistert war keiner der Läufer über diese Idee, doch sie fügten sich ins Unvermeidliche. Im Nachhinein hat es wohl keiner von ihnen bereut, auch wenn es damals viele Tränen gegeben haben soll. Heinz Lindner begann ein Sportstudium an der DHFK und schloss mit dem Trainerdiplom ab. Bis zur Olympiade 1976 war er beim SC Dynamo Berlin Trainer im Leistungssport, dann im Nachwuchsbereich. 25 Jahre war er bei Dynamo, dann verließ er den Club auf eigenen Wunsch, was ihm die Leitung sehr verübelte. Man werde dafür sorgen, dass er keine Arbeit mehr finde, hieß es ganz von „Oben". Doch Heinz Lindner fand 1980 ein neues Betätigungsfeld im neuen Sport- und Erholungszentrum (SEZ) an der damaligen Leninallee, wo es ja auch eine Kunstlaufbahn gab. Noch vor der offiziellen Eröffnung des neuen Friedrichstadtpalastes im April 1984 begann er gemeinsam mit einer Ballettlehrerin ein Eisballett aufzubauen. Als Gaby Seyfert dieses übernahm, ging er. In den 90-er Jahren betreute er als Honorartrainer im Berliner Wedding Eisläufer, bis zum 75. Lebensjahr gab er Unterricht. Privat war er vor drei Jahren das letzte Mal auf dem Eis.Schon während seiner aktiven Zeit als Roll- und Eiskunstläufer begeisterte Heinz Lindner sich fürs Schaulaufen (Von 1956 an war er ja einer der maßgebendsten Initiatoren, Organisatoren, Bühnenbildner, Choreografen, Ideengeber etc. der Dynamo-Eisrevue „Polarsterne"). Besonders populär waren Anfang der 50-er Jahre Gruppentänze. Beim „Schwanensee" gab Heinz den Prinz, Inge war der schwarze Schwan und Anne der weiße. Legendär bis heute ist ihr Pinguin-Mambo. Heinz hatte Inge bereits in Weißenfels kennen

gelernt. „Sie war die Pirouettenkönigin. Wenn die anderen der Gruppe längst vom Eis waren, drehte sie immer noch", schmunzelt er und erinnert sich an einen Auftritt in Rostock: Inge fragte den Sanitäter, ob er ihr etwas zur Beruhigung geben könne. Sie schluckte gleich noch den zweiten Beruhigungstrunk mit, der eigentlich für Anne Kusche bestimmt war. Sie musste dann schnell aufs Eis, schlug in der Hektik mit dem Kopf gegen einen Balken der Dekoration, rappelte sich auf, machte einen Spreizsprung und – landete auf dem Bauch. Es war wohl ein hoch-

prozentiges Beruhigungsmittel gewesen! Auch als Sängerin betätigte sich Inge einmal. „Klein Erna, wie wir sie manchmal scherzhaft nannten (ihr zweiter Vorname), hatte ja Gärtnern gelernt. Wir überredeten sie dazu „Warum weinst du, holde Gärtnersfrau" zu singen. Das wurde oben in der Halle von der Technik aufgenommen. „Soll ich Frau Wischnewskis Gesang noch mal einspielen?", rief der Tonmeister plötzlich für alle hörbar durchs Mikro. Das war Inge dann echt peinlich. Es sollte ja keiner wissen, dass sie die Sängerin war.

Ein richtiger Pechvogel sei sie auch gewesen, sagt Heinz. „Einmal lief Inge gegen eine Tischtennisplatte und brach sich ein Bein, ein andermal verlief sie sich im Hallengewirr, verpasste so die Siegerehrung und musste von oben herab zusehen, wie ihr Preis verliehen wurde. Als sie mit Bernd Wunderlich an der Longe trainierte und es nicht so lief, wie sie wollte, geriet sie dermaßen in Rage und zerrte am

Seil, dass ihr die obere Rolle auf den Kopf fiel. Ein Glück, dass Inge, wie so oft, eine Perücke trug. Vielleicht wäre die Verletzung sonst noch schwerer gewesen."

Mit Inge konnte man auch streiten, etwa über verschiedene Techniken. Es war aber immer ein Streit um die Sache, und da konnte sie sehr hartnäckig sein. Danach sind wir einen Kaffee trinken gegangen und alles war wieder o.k."

Noch heute sind die beiden miteinander befreundet. Sie besuchen sich gegenseitig bei Geburtstagen und telefonieren auch regelmäßig. *ID*

Abb. Heinz Lindner auf Rollen Anfang der 50-er Jahre und zur Ostzonenmeisterschaft 1949 in Erfurt; Heinz jetzt bereits auf Kufen mit Partnerin Therese Geidel und bei der Europameisterschaft 1962 in der Schweiz (da schon als Trainer, 3. v.r.); beim Holländertanz mit Jutta Müller und Inge Wischnewski; Heinz als Prinz mit den Schwänen Inge und Anne Kusche und als Meistertrainer mit den Medaillen seiner Schützlinge; Heinz und Inge sowie Heinz 2009; schon in den 50-er Jahren engagierte sich Heinz für den sportlichen Nachwuchs.

Die Trainerin mit der sanften Stimme
Annemarie Kusche

Ich hatte die Gelegenheit, mit vier großartigen Trainerinnen zu arbeiten. Annemarie Hansen hat mich entdeckt. Dann kam ich in die Gruppe von Annemarie Kusche. Sie war selbst nach dem Krieg eine erfolgreiche Läuferin in Sachsen-Anhalt, immer sehr charmant und elegant. Nach der Landesmeisterschaft in Hasselfelde/Harz schrieb eine Zeitung etwa um 1950: „In der Juniorenklasse der Frauen gab es einen erneuten Weißenfelser Sieg durch die sympathische Annemarie Klöpsch."

Wenn ich die Fotos von damals anschaue, bin ich nicht nur begeistert, mit wie viel Phantasie die Kostüme geschneidert wurden, sondern auch, mit welcher Hingabe die Läufer in ihrem Element waren. Die Begeisterung der Anfangsjahre, gerade auch in Weißenfels, wo Annemarie Kusche (damals Klöpsch) und Inge Wischnewski (damals Kabisch) geboren wurden, übertrug sich auf Tausende von Menschen, die alle zu den Schaulaufveranstaltungen kamen. Ob Rollkunstlaufen im Sommer oder Eiskunstlaufen im Winter – die Ränge waren immer voll. Anne Kusche erinnert sich noch heute: „Wenn wir unsere Tänze zeigten, dann blieb kaum ein Weißenfelser zu Hause."

Auch die Veranstaltungen zu Landesmeisterschaften waren stets ausverkauft. Aus heutiger Sicht gab es zu dieser Zeit einmalige Darbietungen wie das Mädchenpaarlaufen. Annemarie Klöpsch und Inge Kabisch waren als Paar damals unschlagbar, ob nun auf Rollen oder auf Schlittschuhen. Roll- und Eiskunstlaufen erfreu-

ten sich in der DDR unbeschreiblicher Beliebtheit. Großartige Auftritte in der Werner-Seelenbinder-Halle bleiben unvergesslich, wie etwa zum Deutschlandtreffen 1950 oder bei den Weltfestspielen im Jahr 1951.

Phantasievoll: Die „Polarsterne"

Einfallsreich und fantasievoll war das Programm der „Polarsterne" vom SC Dynamo Berlin. Überall in der DDR, vor allem in den Wintermonaten unter freiem Himmel in den Stadien von Crimmitschau, Schierke, Seifhennersdorf oder Jonsdorf, aber auch in Rostock feierten die Läuferinnen und Läufer großartige Erfolge. Die Presse war begeistert. Unter der Überschrift: „Glänzende Polarsterne auf dem Eis" konnte man nach der Show in Rostock lesen: *„Anmut, Grazie und Exaktheit begeisterten über 6000 Zuschauer".* Immer wieder werden die Auftritte von Anne Kusche, Inge Wischnewski und Heinz Lindner gelobt. Von den „tollkühnen Sprüngen" eines Bodo Bockenauer ist da die Rede, und abschließend bemerkt die Zeitung: *„ Wenn Annemarie Kusche und Heinz Lindner Rock 'n' Roll auf dem Eis tanzen, dann fliegen die Fetzen."*

In Rumänien, Bulgarien und der CSSR will der Beifall nicht enden. Ein Blick in das Programm der Polarsterne verrät den Grund: Tanz des Briefträgers, Pirouettenkür, Matrosentanz, Ungarischer Tanz, Chinesischer Tanz, Unter dem Fliegenpilz, Fackeltanz oder Pinguin Mambo lassen erahnen, wie abwechslungsreich und bunt die Darbietungen waren. Die Freude war groß, wenn der Beifall nicht nachließ und einige Darbietungen mehrfach gezeigt werden konnten. In einer Zeitung aus dem Jahr 1954 stand: *„Ein graziöser Tanz des Paares Kusche-Lindner eroberte die Herzen der Zuschauer. ... Der von dem Trio Kusche-Wischnewski-Lindner dargebotene Pinguin-Mambo musste wiederholt werden."*

Alle der damaligen Aktiven mussten dann auf „Anraten" des Deutschen Turn- und Sportbundes (DTSB) Trainer werden. So erging es Inge Wischnewski, aber auch Anne Kusche wurde überzeugt, sich für den Trainerberuf zu entscheiden. Beim SC Dynamo Berlin gehörte Annemarie Kusche zu den Trainerinnen mit besonderem Einfühlungsvermögen. Zu ihr ging ich immer mit großer Freude, weil sie niemals laut über die Eisbahn rief, sondern mich immer mit einem Lächeln im Gesicht korrigierte. Es war eine besonders schöne Zeit, und ich konnte unter Annemarie Kusche auch in die Meisterklasse aufsteigen. Mir gefiel, wie sie sanft, geduldig, aber auch konsequent die täglichen Trainingsaufgaben durchsetzte.

Trotz Erfolgen auf dem Teppich bleiben
Annemarie Kusche habe ich wundervolle Jahre meiner Kindheit auf dem Eis zu verdanken. Sie hat Anteil daran, dass ich immer, wenn jemand nach meinen späte-

ren internationalen Erfolgen behauptete, ich habe ja wohl meine Kindheit dem Eiskunstlaufsport geopfert, völlig entgeistert entgegnete: „Ich hatte die schönste Kindheit, die man sich vorstellen kann. Ich durfte Clown sein in der Eisrevue und das Rotkäppchen beim Eisfasching. Ich erhielt mit 9 Jahren tosenden Applaus nach meinem Puppentanz, bei dem ich aus einer mit großen Schleifen geschmückten Kiste stieg. Ich hatte Spaß beim Neptunfest, das alle kleinen und großen Eiskunstläufer in Biesenthal bei Berlin gefeiert haben. Ich war Spartakiade-Siegerin, und bei der Siegerehrung

kam ich mir vor wie bei den Olympischen Spielen."

Durch meinen Sport und mit Hilfe so engagierter und für den Eiskunstlaufsport begeisterter Menschen wie Anne Hansen, Anne Kusche, Biggi Zeller und Inge Wischnewski lernte ich, was Teamgeist bedeutet, was man mit Ehrgeiz und Zielstrebigkeit erreichen kann, wie man sich über Erfolge freut und trotzdem auf dem Teppich bleibt. Ich begriff auch schon mit jungen Jahren, dass es Niederlagen gibt, mit denen man fertig werden muss, dass aber nach jedem tiefen Tal auch wieder ein Hoch kommt. Ich bin dankbar, diesen Menschen begegnet zu sein. Danke, dass wir gemeinsam ein Stück des Weges gegangen sind. **CSE**

Abb.: Anne Kusche als Meisterin des Landes Sachsen-Anhalt 1950 und in einer der berühmten Schaulauf-Shows; das Trio Anne Kusche, Inge Kabisch und Heinz Lindner beim „Pinguin Mambo", Anne als Tainerin auf der Eisbahn an der Steffenstraße und (li.) im Kreise ihrer Schützlinge; Anne beim „berüchtigten" Training im Kühlhaus an der Scharnhorststraße und bei ihrem feurigen Tanz als Ungarn-Mädel.

„Die Kleene ist zwar pummlig, aber lustig"
Annemarie Hansen

Ich war gerade 5 Jahre jung, als meine Eltern erstaunt feststellten, dass ich immer vor dem Fernsehapparat herumtanzte. Besonders Bilder vom Ballett hatten es mir angetan. Doch eine Nachfrage in der damaligen Ballettschule hatte ergeben, dass ich für eine Ballettausbildung viel zu jung war. Also tanzte ich weiter vor dem Fernseher herum. Aber im Sommer 1961 kam eine Freundin von mir auf die Idee, in den Friedrichshain auf die Rollschuhbahn zu gehen. Gesagt, getan. Dort herrschte ein buntes Treiben. Die Frau, die dort als Übungsleiterin fungierte, hieß Annemarie Hansen. Meine Freundin und ich sprachen sie an, ob wir nicht mitmachen dürften. „Eigentlich schon", meinte Frau Hansen. Doch als sie dann meine Schuhgröße erfuhr, Schuhgröße 26, sagte sie mit Bedauern, dass es so kleine Schuhe leider nicht gäbe.

Aber mit dicken Socken könnten wir es ja probieren. Das war natürlich schwierig. Ich lag pausenlos auf der harten Betonbahn. Meine Mutter hat sich jedes Mal erschrocken, wenn ich mit aufgeschlagenen Knien nach Hause kam. Aber es machte Spaß, und ich ging jede Woche ein bis zwei Mal auf die Rollschuhbahn. Frau Hansen kündigte dann irgendwann an, dass sie einige talentierte Kinder aussuchen wolle, die im Winter mit auf die Eisbahn nach Hohenschönhausen kommen könnten. Ich wollte das unbedingt – Ballerina auf dem Eis werden. Doch eigentlich waren meine Chancen nicht die besten, da ich immer etwas drall war als Kind. Aber ich bekam eine Chance, denn Frau Hansen stellte fest: „Die kleene Errath, die ist zwar etwas pummlig, aber lustig, die nehmen wir in die Sektion Eiskunstlaufen auf". So kam es, dass ich im Winter 1961 Eiskunstläuferin wurde.

Es hat alles großen Spaß gemacht. Besonders toll waren unsere Kostümfeste, die im Sommer auf der Rollschuhbahn stattfanden. Es wimmelte von wundervoll phantasiereichen Kostümen. Frau Hansen hat da fleißig mitgeschneidert, und besonders meine Mutti hat für mich die schönsten Kleider kreiert. Besonders beliebt waren die Weihnachtsveranstaltungen der „Polarsterne". Da sind wir überall aufgetreten. Ich erinnere mich an Jonsdorf, an Pilsen, an Prag. Hunderte Menschen strömten in die damals nicht überdachten Stadien, die ja nur im Winter Eis hatten. Jedenfalls durfte ich als „Kleenste" immer auch der kleinste Clown im Clownstanz sein. Ich bekam stets den größten Applaus, weil ich als kleinster Clown zum Schluss ganz allein noch Faxen machen durfte und als Letzte vom Eis lief. Inzwischen weiß ich, dass es Frau Hansen war, die mit Frau Wischnewski gemeinsam 1955 in der Berliner Werner-Seelenbinder-Halle die Sektion Eiskunstlaufen gegründet hat. Die beiden Frauen und Alfred Müller, der Vater von Irene Müller, haben zu dritt eine Sektion aufgebaut, die bald eine Erfolgsgeschichte wurde. Frau Hansen war lange Jahre Übungsleiterin, bis 1979, danach arbeitete sie als Erzieherin im Sportinternat. Noch im Rentenalter begann sie mit ihrem Mann eine Laufbahn als Reiseleiterin. Frau Hansen wurde im Januar 2010 schon 86 Jahre und lebt mit ihrem Mann in Berlin.

Auch ihre Tochter Veronika war in den 60-ern in ihrer Trainingsgruppe. Veronika konnte immer die Sitzpirouette besser als ich. Das hat mich manchmal gewurmt. Doch auch in späteren Jahren gehörte die Sitzpirouette nicht zu meinen besten Elementen. Veronika war ein paar Jahre älter als ich und schon einige Jahre dabei, als ich in die Trainingsgruppe ihrer Mutter kam. Noch heute erinnert sie sich an ihr schönstes Erlebnis als Eiskunstläuferin. Sie durfte wie viele andere Läufer vom SC Dynamo Berlin 1960 beim „Silvesterpunsch", einem Spielfilm der DEFA, mitmachen. Bei drei Tänzen war sie dabei, ihr Honorar kam auf stolze 150 Mark. Das war damals ein Vermögen und sie kam sich richtig reich vor. Die Hauptrolle im Film spielte Christel Bodenstein, die extra für den Film ein wenig Schlittschuhlaufen gelernt hatte, aber von Irene Müller gedoubelt wurde. Dabei waren auch die „4 Brummers" und als TV-Kommentator Heinz Quermann.

Als Veronika dann aufhörte, weil sie, wie sie sagt, zu lange Arme bekommen hatte, die bei den Sprüngen im Weg waren, „erbte" ich ihr Eislaufkleid. Dieses Kleid habe ich geliebt. Frau Hansen hatte es aus Angora-Wolle gestrickt. Auf den Fotos von damals sieht man es mir an, wie schick ich mich fand.
Aus der Zeit, als ich dieses Kleid bekam, muss wohl auch das Interview stammen, das bis heute im Wintersportmuseum in Oberhof im Film „Schuhgröße 26" gezeigt wird. Da wurde ich gefragt, was ich denn im Eiskunstlaufen mal werden möchte. Meine Antwort kam wie aus der Pistole geschossen: „Na Weltmeisterin!" Dieser Traum ging 1974 in Erfüllung. Bis zu diesem Zeitpunkt durchlief ich beim SC Dynamo Berlin die Ausbildung bei vier Trainerinnen: bei meiner Entdeckerin Frau Hansen, bei Frau Kusche, dann bei Brigitte Zeller und schließlich bei Inge Wischnewski (von 1968 bis 1976). Aber das ist eine andere Geschichte ... **CSE**

Abb.: Annemarie Hansen als Übungsleiterin mit dem Nachwuchs Anfang der 60-er Jahre; die Trainerin hilft Janett Kubanek auf dem Eis, die richtige Haltung zu finden, Christine Errath war die „Große" in der Gruppe; das Training war auch lustig, Annemaries Tochter Veronika lief auch; Christine Errath „erbte" das Angora-Kostüm von Veronika Hansen, als die herausgewachsen war.

Zuckerbrot und Peitsche
Die Trainerin Brigitte „Biggi" Zeller

Es gibt Trainer, die schaffen es, dass die Sportler, die sie trainieren, sie so sehr verehren, dass selbst die schwierigste Trainingsstunde Spaß macht. So erging es mir als elfjähriges Eislaufküken mit Brigitte Zeller. Ich war eigentlich total unglücklich, nicht mehr bei Annemarie Kusche trainieren zu dürfen, aber ich wollte so gern ganz oben auf den Siegertreppchen bei nationalen und internationalen Wettkämpfen stehen, so dass ich versuchte, trotz Trainerwechsel mein Bestes zu geben. Hatte ich bei Annemarie Kusche noch das Gefühl, ihr könnte ich alles erzählen, sie hätte immer einen mütterlichen Rat für mich, zog dann bei Brigitte Zeller ein etwas strengerer Ton ein. Aus heutiger Sicht muss ich sagen, dass das wohl auch nötig war, denn nur mit Talent kommt man auch im Eiskunstlaufen nicht weit. Doch jeder schaltet schnell einen Gang zurück, wenn das Training an die eigene Grenze geht. Trainer müssen eben auch streng sein. Mit Abstand der vielen Jahre bin ich dafür dankbar. Ohne eine gewisse Härte wäre ich nie Weltmeisterin geworden.

Brigitte Zeller (früher Klewer) war selbst zwischen 1954 und 63 eine erfolgreiche Eiskunstläuferin. Bei den DDR-Meisterschaften 1962 belegte sie bei den Damen den 3. Platz. 1960 in Davos wurde sie 12. Sie war zwischen 1960 und 63 Schülerin von Inge Wischnewski. Danach arbeitete sie als Übungsleiterin, als Trainingsassistentin und seit 1964 als Trainerin. Von 1964 bis 69 studierte sie an der DHFK Leipzig. Brigitte Zeller hatte wie Inge die wunderbare Gabe, „Zuckerbrot und Peitsche" zur rechten Zeit einzusetzen. Wenn sie mit den Leistungen im Training nicht zufrieden war, versuchte sie zunächst das Gute hervorzuheben, kritisierte erst später. Brigitte Zeller wusste als ehemalige Läuferin sehr gut, dass man sich als Sportler vor allem selbst ärgert, wenn etwas nicht gelingt.

Wie groß ihr Einfühlungsvermögen war, beschreibt ein Auszug aus meinem Tagebuch vom 15. September 1968: *„Heute fand ein Überprüfungslaufen statt. Ich war ganz schön aufgeregt. Im Eisstadion erwartete uns erst einmal eine traurige Mitteilung. Wir mussten die Kür doch durchlaufen. Die Berliner Eiskunstläufer wussten nichts davon. Aber die Karl-Marx-Städter waren die Kür schon drei Mal durchgelaufen, wir nicht ein einziges Mal. Vor uns war Eishockey auf dem Eis, da musste* ordentlich gewischt werden. Der Wischer (das Eisaufbereitungsauto) wollte nun aufs Eis fahren. Aber was war los? Die Zamboni war kaputt. Nun mussten die Eisarbeiter erst die zweite Zamboni aus dem Keller holen, das ergab eine halbe Stunde Verzögerung. Endlich fing es an! Es ging sehr gut. Der zweite Pflichtbogen hätte zwar etwas besser sein können, aber ich war einigermaßen zufrieden. Dann begann die Kür. Erst kamen die Einzelsprünge an die Reihe. Die getippten Doppelsalchow stand ich. Den Lutz leider nicht, aber dafür den Doppel-Axel. In der Kür flog ich drei Mal. Der erste Teil war aber einwandfrei. Frau Zeller, meine jetzige Trainerin, zwinkerte mir zu, das sollte heißen, dass sie mit mir zufrieden war. So verging der Tag und es war gar nicht so schlimm."

Wenn ich mir überlege, dass ich gerade mal 11 Jahre alt war, als ich das geschrieben habe, kommen mir doch ein paar Tränen – auch weil die Jahre so schnell vergangen sind. In der kurzen Zeit, die ich bei Brigitte Zeller trainiert habe, lernte ich zu begreifen, dass ich das Talent für eine internationale Karriere hatte, sich aber der Erfolg nur durch harte Arbeit einstellen würde. Es begann die Zeit, wo ich manchmal dachte, es wäre schön, ein ganz „normales Kind" zu sein und nicht jeden Tag von 7 Uhr an auf dem Eis zu stehen, wo es kalt war und meist Dunstwasser von der Decke tropfte. Dass es schön wäre, am Wochenende nicht an Training denken zu müssen oder zum Wettkampf zu reisen. Es wäre gelogen, zu behaupten, dass das Eislaufen immer Spaß machte. Da flossen auch oft Tränen. Dem großen Ziel, eine internationale Meisterschaft gewinnen zu können, war alles unterzuordnen. Für Hobby oder Freunde und Familie blieb kaum Zeit und die Frage, ob das die Sache denn wert sei, wurde öfter gestellt. In solchen Zeiten kam es auf das Einfühlungsvermögen der Trainer an, die Sportler zu motivieren und das Training auch fröhlich und locker zu gestalten. Brigitte Zeller hatte diese Fähigkeit. Ich folgte ihren Anweisungen gern und wir erkämpften als Team einige beachtliche Erfolge bei internationalen Wettkämpfen. Die Sympathie der Zuschauer war immer auf unserer Seite. Das lag sicher auch daran, dass wir uns öfter „zugezwinkert" haben.

Brigitte Zeller arbeitete bis 2008 beim SC Berlin als Trainerin, ist nun Rentnerin und noch im Nachwuchs- und Breitensport auf dem Eis. Viele Läufer und Läuferinnen, die sie eine Zeit lang trainiert hat - wie Alexander König, Mario Liebers, Ralf Block, Carola Niebling, Carola Weißenberg, Kerstin Gerth, Henry Geske oder Janina Wirth – konnten später zahlreiche Erfolge feiern. *CSE*

Abb. Brigitte Klewer (später Zeller) 1960 in Davos; mit Christine 1968 in Minsk.

Christa, Sybille und Kerstin – Die Stolfigs

Die erste, die bei den Stolfigs vom Eiskunstlaufvirus angesteckt wurde, war **Christa**. Eigentlich hatte sie als Mittelstreckenläuferin Talent, aber die Begeisterung für das Eiskunstlaufen ist dennoch früh entbrannt, genau wie die Liebe zu ihrem Mann Kurt, den jedoch alle Kurti nannten. Für Kurti schwärmten viele Frauen, denn er hatte ein liebenswertes Wesen, konnte außerdem unglaublich charmant sein und beeindruckte auch mit seiner Sportlichkeit als Handballspieler. Christa lernte ihren Kurti 1948 im Sportverein in Magdeburg kennen, 1950 heirateten sie. Es war die große Liebe, aus der zwei reizende Töchter hervorgingen: Sybille und Kerstin, beide blond und unglaublich süß anzuschauen. Beste Voraussetzungen also für eine Karriere als Eisprinzessinnen.

Angefangen hat es aber mit dem Rollkunstlaufen von Sybille. Im Jahr 1957, als Sybille 6 Jahre alt war, ging ihre Mutter mit ihr zum Rollschuhlaufen. Das lag nahe, weil Christa und Kurti seit 1956 in Berlin Hohenschönhausen in der Nähe der Steffenstraße wohnten, und da befand sich die Rollkunstbahn, nur ein paar Schritte von ihrer Wohnung entfernt. Im Winter wurde die Bahn zur Eisbahn „umgespritzt", und die Rollschuhe wurden gegen Schlittschuhe getauscht. Sybille erinnert sich, dass sie die ersten Schritte auf dem Eis von „Sträußchen", dem Schlittschuhschleifer, gezeigt bekommen hat. Mutter Christa begleitete Sybille natürlich

zur Eisbahn, wie es alle Mütter damals getan haben. Aber bei Christa war es etwas anders. Sie begann sich nämlich für die Übungsleitertätigkeit zu interessieren. Ehrenamtliche Übungsleiter wurden gesucht, Christa, sportlich und motiviert und angespornt durch ihren Mann, der inzwischen Handball-Nationalspieler war und „Meister des Sports". Die Trainer- und Übungsleiterriege war zwar noch klein, aber fein. Anne Hansen, Anne Kusche und vor allem Inge Wischnewski konnten

Christa sehr viele gute Ratschläge geben. „Learning by doing", schon eine erfolgreiche Methode von Anne Hansen. So hatte Christa Stolfig die wichtigsten Eiskunstlaufbegriffe auch sehr schnell drauf. In der Zeit von 1966 bis 1972 war sie sogar Preisrichterin.

Sybille – auf dem Eis ein Nervenbündel, im Beruf top
Aus Sybille wurde sehr schnell eine kleine Eisprinzessin. Kein Wunder bei den sportlichen Eltern. Natürlich war auch zu Hause bei den Stolfigs das Eiskunstlaufen Dauerthema. Es gab ja auch viel zu berichten. Besonders, wenn Sybille wieder eine Meisterschaft gewonnen hatte. Mehrfach stand sie bei Berliner Meisterschaften auf dem obersten Treppchen, war Pioniermeisterin und Dritte bei den DDR-Meisterschaften 1968. Sybille siegte auch bei internationalen Meisterschaften in Budapest. Noch heute weiß sie, dass sie sich nach diesem Wettbewerb besonders glücklich fühlte, denn sie hatte gezeigt, was sie konnte.
Das klappte nicht immer, denn die Nerven machten ihr manchmal einen Strich durch die Rechnung. Beim Goldenen Schlittschuh in Prag jedenfalls schwärmte sogar Donald Jackson aus Kanada – Weltmeister 1962 und Bronzemedaillengewinner bei den Olympischen Spielen 1960 – von ihr und bewunderte Sybilles Ausstrahlung und Eleganz. Sybille hatte ihren ganz eigenen Laufstil. Was ihr besonders bei den Schaulaufveranstaltungen zu Gute kam.
Die Polarsterne fand sie „super", denn: „Da gab es keinen Leistungsdruck, es wurden schöne Tänze einstudiert und wir durften in originellen Kostümen auftreten vor einem großen Publikum." Bis heute ist der „Indianertanz Dakota" von Sybille Stolfig unvergessen, wohl auch, weil das Kostüm ihr ganz besonders gut zu Gesicht stand. Diesen Tanz hatte Annemarie Kusche mit ihr einstudiert. Und damit viel Einfühlungsvermögen bewiesen, eine Stärke von Anne Kusche. Sogar für private Dinge konnte Annemarie Kusche ausgesprochen viel Verständnis aufbringen. Sybille erzählt, dass Anne Kusche als Trainerin eine ganz besondere Frau war. Sie gesteht, dass ihre Trainerin manchmal mehr wusste als ihre Mutter. Was Sybille nie vergessen wird, ist die Tatsache, dass

Anne Kusche sogar einmal den Trainingsplan verändert hat, weil Sybille mit ihrem ersten Freund spazieren gehen wollte. Sybille berichtet über ihre weitere Laufbahn folgendes: „Mein größtes Problem war mein schwaches Nervenkostüm. So glaubten wohl einige Funktionäre, ich bräuchte eine „härtere Hand". Deshalb kam ich 1967 zu Inge Wischnewski in die Trainingsgruppe. Natürlich war es für mich eine Umstellung, denn Inge verlangte viel, erwartete jeden Tag maximalen Einsatz unter dem Motto. „Geht nicht, gibts nicht". Aber nur so waren bessere Leistungen möglich. Ich wurde ja sogar Dritte bei den DDR-Meisterschaften.

Leider ereilte mich aber dann eine dumme Verletzung, ich stürzte im Training beim Doppelaxel und die eine Schlittschuhschiene landete in meinem Fuß, so dass ich für längere Zeit ausfiel. Nach der Verletzung ging es nicht mehr so gut weiter, außerdem war ich verliebt in den Eishockeyspieler Gerd Weber. Ich spürte, dass es da noch andere Dinge im Leben gibt, die schön sind. Die Liebe meines Lebens wollte ich nicht aufgeben. 1968 trudelte so alles langsam aus. Ich nahm noch an Schaulaufen teil, aber den „Biss" für die Wettbewerbe hatte ich nicht mehr. Jedenfalls heiratete ich 1969 meinen Eishockeyspieler. Wir wurden sehr schnell junge Eltern von zwei Mädchen. Sie sind heute 38 und 40 Jahre alt und haben mich schon zur Oma gemacht. Meine Enkel sind 17 und 20 Jahre – oh je, wo bleibt die Zeit?"

Sybille gehört zu den Eiskunstläuferinnen des SC Dynamo Berlin, die die Geschichte des Vereins ein Stück weit mitgeschrieben haben. Sie ist bis heute ein Sympathieträger, eine emotionale Frau, verständnisvoll und hilfsbereit. Sie ist ein Mensch, den man gern in seiner Nähe hat. Ihr Charakter befähigt sie auch, einen Beruf auszuüben, bei dem man außerordentlich viel Einfühlungsvermögen braucht. Sie arbeitet seit 1977 bei der Kripo und kümmert sich seit nunmehr 20 Jahren engagiert um sexuell missbrauchte Kinder. „Ich bin sehr froh, wenn diese Kinder nach der Vernehmung sagen, dass sie sich besser fühlen, oder für mich ein Bild malen. Gerade für diesen Beruf benötige ich Zielstrebigkeit, Disziplin, Durchhaltevermögen, Geduld, Menschenkenntnis, aber besonders menschliche Wärme. Das alles habe ich im Sport und durch meine Trainerinnen wie Anne Kusche und Inge Wischnewski erfahren. Selbst wenn ich es im Leistungssport nicht bis ganz nach oben geschafft habe, für`s Leben konnte ich viel lernen. Dafür bin ich dankbar und erinnere mich sehr gern an die Zeit auf dem Eis."

Unvergesslich blieb ihr eine Meisterschaft 1960. Sybille startete am 4. Dezember 1960 bei den Berliner Meisterschaften in der Werner-Seelenbinder-Halle. Mutter Christa war hochschwanger. Eigentlich sollte Aufregung vermieden werden, aber das Gegenteil war der Fall. Sybille zeigte sich in ausgezeichneter Form und gewann die Berliner Meisterschaft in ihrer Altersklasse. Am Nachmittag desselben Tages setzten bei Christa Stolfig die Wehen ein. Sie wurde ins Krankenhaus Friedrichshain gebracht. Kurti hatte zur gleichen Zeit ein Handballturnier. Nach dem Abpfiff hatte er es unsagbar eilig. Er wollte so schnell wie möglich zu seiner Frau Christa. Die Schwestern der Entbindungsstation schauten ganz überrascht und dachten zunächst, dass sich dieser Mann verlaufen hätte. Kurti stand dort in voller Schönheit, allerdings stark verschwitzt und noch immer in seinem Trainingsanzug. Seine zweite Tochter Kerstin erblickte am 5. Dezember 1960 das Licht der Welt, und man kann sagen, dass ihr der Sport in die Wiege gelegt wurde.

Kerstin: Sieg mit 3 Hundertstel Vorsprung

Nach über 40 Jahren erinnert sich Kerstin, genannt Stolle, an die Anfänge: „Da meine Schwester Sybille Eiskunstläuferin und meine Mutti Christa Übungsleiterin und Preisrichterin war, stand ich schon im Kinderwagen täglich an der Eisbahn. Das muss so 1961/62 gewesen sein, denn ich bin am 5. Dezember 1960 geboren. Ich glaube, so mit 3 Jahren war ich das erste Mal auf dem Eis. Zu Inge Wischnewski bin ich dann mit 6 Jahren, also 1966 als Jüngste in die Trainingsgruppe gekommen. Täglich bin ich mit meinem roten Roller zum Eissportforum gesaust. Ich erinnere mich, dass ich doch sehr nah am Wasser gebaut war, und  wenn Inge ihre Stimme erhoben hat, die Tränen nur so rollten. Aber nach dem Training habe ich immer auf sie gewartet und gefragt, ob ich mit ihr nach Hause gehen darf, was ich natürlich durfte. Da war meine Welt wieder in Ordnung. - Mein größter Erfolg als Einzelläuferin war der Sieg bei der Kinder- und Jugendspartakiade 1972. Mit 3 Hundertstel lag ich vor Anett Pötzsch aus Karl-Marx-Stadt. Deren Trainerin Jutta Müller hat alles mehrfach nachrechnen lassen, denn das war so nicht geplant. Mit 9 Jahren bin ich schon den Doppelaxel gesprungen. Mit 13 wurde ich Paarläuferin und lief mit Veit Kempe. Wir trainierten bei Heidemarie Steiner-Walther. Unser größter Erfolg war der 6. Platz zur Olympiade 1976 in Innsbruck. Ansonsten belegten wir 5. und 6. Plätze bei Europa- und Weltmeisterschaften. 1980 haben wir dann aufgehört."

Kerstin hat nach ihrer Laufbahn als Eiskunstläuferin zunächst eine Ausbildung als Physiotherapeutin gemacht. Und zwar in Erfurt. Dort heiratete sie 1983 den Zweierbob-Olympiasieger von 1980 Hans-Jürgen Gerhard. 1985 wechselte sie ins Trainerfach, denn in Erfurt wurde die neue, schöne Eishalle fertig. 5 Jahre arbeitete sie dort erfolgreich. Ihre erste Ehe wurde 1987 geschieden und 1990 ging Kerstin dann nach Essen. Sie lebt mit ihrer Familie im Süden von Essen in idyllischer Landschaft im Bergischen Land, ganz in der Nähe vom Baldeneysee. Dort verbringt die Familie in ihrem kleinen Garten oft ihre Freizeit. Dort fühlt sie sich

wohl. Ihr jetziger Mann war schon zu DDR Zeiten Nationaltrainer der Kanurennsportler, dann Bundestrainer, später arbeitete er als Nationaltrainer in Frankreich, bis 2001. Heute zeichnet er im LSB von NRW für den Nachwuchs- und Leistungssport verantwortlich. Sohn André ist 27 und macht gerade seinen Master-Abschluss als Lehrer für Deutsch und Geschichte. Tochter Anabel ist 16 und absolviert eine Ausbildung für Reitsport. Heiß geliebte Familienmitglieder sind auch Molly und Flecky, zwei Stubentiger. Kerstin hat in Essen zunächst mit einer ABM Stelle in der Eishalle angefangen. Sie sollte „Leben in die Halle bringen am Vormittag", so die Aufgabenstellung. Ihre Idee, das Eislaufen als Schulsport zu entwickeln, fand offene Ohren und nicht nur die Kinder zeigten sich begeistert. Auch die Lehrer ließen sich von Kerstin im Eislaufen ausbilden. Schon 1991 wurde Kerstin von einem Mitglied des Vorstandes „Special Olympics" angesprochen, ob sie sich das nicht auch für Eisläufer vorstellen  könne. Special Olympics ist eine internationale Sportorganisation. 180 Nationen und über 2,8 Millionen Kinder, Jugendliche und Erwachsene mit geistiger Behinderung sind hier aktiv. Special Olympics ist damit die größte Behinderten-Sportbewegung weltweit. Kerstin arbeitete ehrenamtlich für diese Organisation und nahm erstmals 1993 an den Weltspielen in Salzburg teil. Danach alle 4 Jahre im Olympiajahr reiste sie als Head Coach mit den deutschen Eisläufern (geistig Behinderte) nach Toronto, Alaska und Nagano. Heute übt sie das Ehrenamt nur noch in NRW aus. Aber Hut ab. Diese Bewegung steht unter einem wunderbaren Motto, das im Eid wie folgt formuliert ist: „Lasst mich gewinnen, doch wenn ich nicht gewinnen kann, so lasst mich mutig mein Bestes geben."

Die Eishalle bleibt für Kerstin ihr zweites Zuhause. Sämtliche organisatorischen Entscheidungen laufen über Kerstin. Das ist ein Job, wo man alles machen muss, von der Vergabe der Eiszeiten, bis hin zur Organisation von Veranstaltungen. Aber Kerstin schafft das alles, wahrscheinlich erstens, weil sie rundum glücklich und zufrieden ist, zweitens, weil  ihr das, was sie tut, Spaß macht und drittens, weil sie eine großartige Kondition hat. 2009 stand eigentlich die Teilnahme am Halbmarathon auf Malta an, aber den hat sie abgesagt, um beim 80. Geburtstag ihrer ehemaligen Trainerin dabei zu sein. **CSE**

Abb.: Christa Stolfig trainierte die Kleinen; Sibylle siegte Ende der 60-er in Budapest; sie trainierte auch in Jonsdorf, Kerstin begann mit dem „Flieger"; Spagat gehört bei jeder Ausbildung dazu; Kerstin wurde später Trainerin; mit Veit Kempe brillierte sie bis 1980 im Paarlauf, die drei Stolfig-Damen im Jahr 2009.

Der „GroKaLi" ging in die Eiskunstlaufgeschichte ein
Manja Groß (Leupold)

Manuela „Manja" Groß, geboren am 29. Januar 1957 in Berlin, begann bei der Trainerin Hildegard Taupadel als Einzelläuferin mit dem Eislaufen. Seit 1967 startete sie bei den Sportpaaren mit Uwe Kagelmann für den SC Dynamo Berlin. Ihr Trainer war Heinz Lindner. „Ich wog damals nur 30 Kilo, Uwe hatte es also anfangs nicht so schwer mit mir bei den Hebefiguren", erinnert sie sich. Das Trio Groß/Kagelmann/Lindner erfand Ende 1969 die neue Hebefigur „GroKaLi".

Schon 1968 probten sie mit Heinz Lindner das neue Element im Ballettsaal quasi auf dem Trocknen. Zu den Europameisterschaften 1970 in Leningrad zeigte das Paar als erstes in der Welt in der Jubljeni-Eishalle den Doppel-Wurfaxel und den dreifachen Wurflutz. Zwei Mal errang Manja mit Uwe Bronze bei Olympia (1972/76), bei Weltmeisterschaften wurde das Paar zwei Mal Dritte (1973/75), bei Europameisterschaften kamen sie ebenfalls zwei Mal auf den dritten Platz (1972/75). 1971, 72 und 74 wurden sie DDR-Meister im Paarlaufen. „Einmal kam Frank Schöbel zu uns, denn Herr Lindner schlug uns vor, nach seinem damaligen Hit „Die Sprache der Liebe ist leis" zu laufen. An diesen Tag erinnere ich mich noch ganz genau", erzählt Manja. Und ich erinnere mich noch gut an einen achtseitigen Artikel (mit Farbposter) über Manja und Uwe, der 1973 im Märzheft des Jugendmagazins „neues leben" abgedruckt wurde und uns (ich hatte damals gerade meinen Start beim nl als Redakteurin) jede Menge Leserpost und Autogrammwünsche einbrachte.

Manja Groß (verheiratete Leupold) war bis Mitte der 90-er Jahre Trainerin beim SC Berlin und trainiert in ihrer Freizeit auch heute noch Berliner Hobbyeiskunstläufer im Erwachsenensport. Einige ihrer Schützlinge gelangten sogar zu internationalem Ruhm. Die studierte Diplomsportlehrerin legte Zusatzprüfungen zur Sporttherapeutin ab und ist seit 15 Jahren als solche tätig. Ihre Arbeit in der Klinik am See in Rüdersdorf macht ihr nach wie vor viel Freude. Ein anstrengender Job. „Doch die Zuwendung der Patienten und die Erfolge bei ihrem Schritt zurück ins Leben entschädigen mich für jede Mühe", sagt Manja.

Die 53-Jährige hat zwei Söhne (30 und 32) sowie „Nachkömmling" Blanche-Marie (12) und lebt mit ihrem Mann Gerd in Münchehofe bei Berlin. Mit ihrer Tochter nimmt sie noch gern bei der Weihnachts-Eismärchen-Revue im Erika-Heß-Stadion im Berliner Wedding teil. **ID**

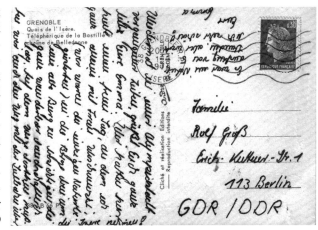

Abb.: Manja (li.) mit Heli Senkschmidt bei den „Polarsternen"; der Kartengruß an die Eltern aus Grenoble vom 20. März 1974.

„Sie war und ist eine gute Freundin"
Manja über Inge Wischnewski

Beim Erinnern an Inge fallen mir immer die Schaulauftourneen ein, da habe ich mit ihr oft in einem Zimmer geschlafen. Bei der Tour in Amerika 1975 war ich darüber sehr froh, denn da waren wir ja alle etwas ängstlich wegen der anonymen Drohungen, vor welchen uns dann das FBI beschützt hat. Aber sehr gerne denke ich noch an die Europatournee 1974 nach der WM in München. Beim Kramen in den alten Sachen fand ich tatsächlich eine Ansichtskarte an meine Eltern, auf welcher ich schildere, wie ich an einem freien Tag mit Inge einen Ausflug in die Berge gemacht habe. Es war der 20. März 1974 in Grenoble. Ich weiß noch, dass Inge am Vorabend den Vorschlag machte, einen gemeinsamen Ausflug zu unternehmen. Aber Romy und Christine hatten keine Lust dazu. Inge war etwas traurig und als ich dann beschloss, mit ihr allein zu gehen, war sie echt freudig überrascht. Es war ein toller Tag mit ganz viel Sonnenschein am Himmel und auch im Herzen. Wir waren uns an dem Tag sehr nah, denn ich hatte mit ihr über alle Dinge geplaudert, die man als junges Mädchen nur mit der Mama bespricht, und mir überhaupt alles von der Seele geredet, was mich als 17-Jährige so bewegte. Inge war eine gute Zuhörerin und wie eine gute Freundin für mich. Sie selbst plauderte auch über ihre Tochter Ina und alles, wonach ihr der Sinn stand. Auf der Karte an meine Eltern stand, dass wir eine alte Burg besucht haben und dabei mit der Seilbahn über die Isere gefahren sind. Ich schrieb: „Wir waren heute die einzigen Naturbegeisterten und es war ein ganz wunderbarer Tag."

Zwischen Staatsoper und Eislaufbahn
Kristina Rouvel, Choreografin

Es ist Montag, 14 Uhr, ein trüber Novembertag anno 1973. Kristina schlüpft nach vier Stunden Training und Probe aus ihrem Ballett-Dress, zieht sich rasch um. Zum Mittagessen bleibt keine Zeit. Sie greift nach ihrem langen, warmen Mantel mit dem Pelzkragen und tritt vor die Staatsoper „Unter den Linden". Kristina hat es eilig. In 30 Minuten beginnt die „zweite Schicht" für die Balletttänzerin – ihre Arbeit als Choreografin bei der Sektion Eiskunstlauf des SC Dynamo Berlin. Sie überlegt kurz und läuft dann, wie so oft, zum nächsten Taxistand. Sie weiß, dass ein großer Teil ihres Stundenhonorars für die Taxifahrten draufgehen wird. Doch per Bus und Bahn ist der Weg zum Eissportforum in Hohenschönhausen in der knappen Zeit kaum zu schaffen.

Schließlich muss sie 18 Uhr schon wieder zurück sein, sich für Probe bzw. Abendvorstellung vorbereiten. Im Taxi geht die junge Frau gedanklich ihr nachmittägliches Arbeitspensum an der Eisbande durch. Ihren kleinen vierjährigen Sohn wird sie heute wohl nicht mehr zu Gesicht bekommen. Doch Kristina weiß, er ist gut versorgt.

Es ist Montag, 14 Uhr, ein trüber Novembertag anno 2009. Kristina verlässt ihre Wohnung an der Mühlbergstraße in Johannisthal, ihrem Kiez seit Jahrzehnten, und geht zur Straßenbahn. 36 Jahre sind seit damals vergangen. Diesmal ist der Weg nicht so weit. Wir haben uns für 15 Uhr in einem Café in der Köpenicker Altstadt verabredet – Kristina, Christine Stüber-Errath und ich. Die Umarmung zwischen ihrem Schützling von damals und ihr fällt lang und herzlich aus. Die beiden haben sich seit 34 Jahren nicht mehr gesehen! Und doch ist es „als hätten wir uns erst gestern verabschiedet", meint Christine. Da hat die Reporterin erst einmal diskret zu schweigen und abzuwarten mit ihren neugierigen Fragen, bis sich die Wiedersehensfreude der beiden Damen gelegt hat. Und das dauert...

„Als mich Martin Puttke damals fragte, ob ich für ihn diese Aufgabe an der Sektion Eiskunstlauf übernehmen wolle, habe ich nicht lange überlegt", sagt Kristina. „Schließlich war das für mich eine ganz neue, reizvolle Herausforderung." Als studierte Balletttänzerin war Kristina Rouvel von 1963 bis 1980 an der Staatsoper Berlin engagiert. Dass sie diesen Beruf nicht ewig ausüben könnte, war ihr schon damals klar. Und so widmete sie sich zwischen 1970 und 1975 mit viel Enthusiasmus dieser neuen „Zweitaufgabe". In der Regel zweimal pro Woche führte sie ihr

Weg zum Eissportforum. Zu ihren Schützlingen gehörten damals Christine Errath und später das Paar Groß/Kagelmann.
Die Choreografie einer Eiskunstlauf-Kür hat natürlich eine andere Spezifik als die bei einem Ballett oder einem Musical. Doch dank der engen und herzlich zu nennenden Zusammenarbeit mit Inge Wischnewski habe sie sich schnell in die Materie reingefunden, erinnert sie sich. „Ich hatte von Anfang an das Gefühl eines absoluten Vertrauens zu ihr. Inge hatte eine sehr charmante, freundliche, aber auch konsequente Art. Anfangs meinte ich öfter mal: Man, so'n Riesenanlauf für einen Sprung, muss das sein? Kann man das nicht gestalten mit tänzerischen Elementen? Inge stutzte, überlegte und sagte dann: Wir versuchen es, aber der Sprung darf nicht darunter leiden!"

Besonders habe sie der Umgang von Inge mit ihren Schützlingen beeindruckt, erinnert sich Kristina. „Inge sagte nie: Da hast du mal wieder mächtig gepatzt, sondern: Da müssen wir aber noch dran arbeiten."
„Manchmal hast du aber auch ein bisschen vermittelt", mischt sich Christine ins Gespräch ein. „Mit 14, 15 Jahren fehlt einem zuweilen noch die Einsicht in bestimmte Notwendigkeiten. Und Inge konnte trotz ihrer freundlichen und feinfühligen Art natürlich auch ziemlich fordernd und hart sein. Mit dem Abstand der Jahre und der Erfahrung weiß ich: Das musste einfach so sein. Anders sind Höchstleistungen gar nicht möglich."
Kristina Rouvel ist ihrem Metier bis heute treu geblieben. Seit 16 Jahren nun schon trainiert sie das Studioballett Berlin. Nach ihrer Zeit an der Staatsoper unterrichtete sie an der Staatlichen Ballettschule Berlin und war Trainingsmeisterin für Klassischen Tanz beim Deutschen Fernsehballett. Freiberuflich übernahm sie verschiedene darstellerische und tanzpädagogische Aufgaben, arbeitete choreografisch beim Kabarett-Theater „Distel" und für das Puppenspiel. Inzwischen verbringt sie mit ihrem Mann viel Zeit auf ihrem Waldgartengrundstück am Rande von Berlin. Und auch da schließt sich wieder der Kreis zu Inge, der bis heute begeisterten und kundigen Hobbygärtnerin. Schade eigentlich, dass sich die beiden seit mehr als 30 Jahren nicht mehr gesehen haben. Sonst hätten sie sich längst – nun statt über tänzerische Elemente auf dem Eis – über den einen oder anderen Trick bei der Aufzucht von Blumen und Gehölzen austauschen können. Aber was nicht ist, kann ja noch werden ... **ID**

Abb.: Kristina Rouvel übt mit Christine Errath während des Trainings im Sportforum; die beiden Frauen verstehen sich auch heute noch sehr gut.

Schlittschuhschleifer und „Mann für alles"
Horst Strauß – genannt Sträußchen

Da fällt mir zunächst einmal auf, dass ich gar nicht weiß, wie Sträußchen richtig heißt. Ich und alle anderen haben immer nur „Sträußchen" zu ihm gesagt, „unser Sträußchen", denn alle kamen gern in seine Nähe, weil er schlechte Laune nicht kannte. Wenn man in sein kleines Kabuff neben der Eisbahn ging, wo er unsere Schlittschuhe geschliffen hat, dann war man wie in einer anderen Welt. Abgesehen davon, dass dort permanent der Schleifstein lief, kam auch pausenlos Musik aus

seinem leicht verstaubten Radio. Überhaupt sah es bei Sträußchen immer chaotisch aus. Aber wenn man ihn nach einer Schraube oder einem Werkzeug fragte, konnte er immer aushelfen. Uns allen war das ein Rätsel, denn eine Art Ordnung konnte niemand, weder auf den ersten noch zweiten Blick, erkennen. Aber Sträußchen war halt ein Genie. Ein Griff und er zauberte aus der hintersten Ecke gerade das Ersatzteil, was gebraucht wurde. Jedenfalls bewies Sträußchen bei jedem Schliff ein richtiges Händchen. Es ist nämlich eine Kunst, Eiskunstlaufschienen zu schleifen. Jeder Eiskunstläufer hatte da so seine Extrawünsche. Sträußchen beherrschte alles. Es konnte tatsächlich eine Formkrise auslösen, wenn der Schliff zu tief oder zu flach geraten war. Eiskunstläufer sind sehr sensibel. Für die so genannten Leistungskader wurden jedes Jahr Maßschuhe aus dem „kapitalistischen Ausland" für Valuta eingeführt. Eine teure Angelegenheit, abgesehen von den Schienen, die auch keine DDR-Produktion waren. Wir Sportler mussten dafür zwar nichts bezahlen, aber behandelt haben wir unsere Schlittschuhe wie rohe Eier. Eine „Scharte" in der Schiene hatte zur Folge, dass man die Sprünge, Schritte und Pirouetten nicht gut ausführen konnte. Zum Glück gab es ja aber unser Sträußchen, der konnte wahre Wunder vollbringen. Aber er hatte noch ein weiteres Talent. Er gehörte zu den Wenigen, denen man auch mal sein Herz ausschütten konnte, ohne, dass gleich jeder davon erfuhr. Sträußchen zeigte für alles Verständnis, fand für jeden ein einfühlsames Wort, er wirkte stets unaufgeregt und freundlich. Dass er sogar bei den Eisshows der „Polarsterne" zum Jahresende mitwirkte und es sich nicht nehmen ließ, auch mal den hinteren Teil einer Giraffe zu spielen, hat ihn noch sympathischer gemacht. Wer sich an unseren legendären Clownstanz erinnert, sollte wissen: Die riesengroßen „Sicherheitsnadeln" an den Kostümen fertigte Sträußchen aus alten Konserven-Fischbüchsen. Er war halt ein Meister der Improvisation.

Sträußchen wurde zur Legende, irgendwie war er auch alterslos. Er sah immer gleich aus. Und mit seinem Lächeln und seinem heiteren Wesen ist er allen in Erinnerung geblieben. Er ist der Begründer des „Sträußchen Pokals" und damit auch Förderer des Eiskunstlaufnachwuchses. Eine private Idee mit seinem privaten Geld finanziert. Auch das wird ihm wohl so schnell keiner nachmachen. Mit 88 Jahren ist die am 30. April 1920 geborene „Legende" verstorben. Er gehört zu jenen Menschen, die für immer eine Lücke hinterlassen, wegen ihrer großen Menschlichkeit, Großherzigkeit und Liebenswürdigkeit. Als Sträußchen irgendwann in den 80-ern mitteilte, in Rente gehen zu wollen, konnte sich zunächst niemand vorstellen, dass er ersetzbar wäre, ja dass er überhaupt einmal aufhören würde. Er gehörte einfach dazu. **CSE**

Günter Bräuer erinnert sich u.a. so an Horst Strauß:
Sträußchen war über 40 Jahre eine Morgengabe für den Eissport im Allgemeinen und für die Kunstläufer im Speziellen. So bezog er bei Veranstaltungen unter dem Unterrang, Bahnseite rechts, ein schmales Zimmer zum Aufbau seiner Schleifmaschine. Hier war nur Atemluft für zwei Personen. Er beherrschte dieses Handwerk wie kaum ein anderer in den Eishallen des Landes. Ich lernte Sträußchen im Winter 1950 auf der Eisfläche im Friedrichshain (später Fußballhartplatz des VdB Friedrichshain) und ab Mai 1978 Areal des Sport- und Erholungszentrums) kennen. Gemeinsam mit Hermann Horst kringelte er dort seine Achten und Bögen, lief nach krächzenden Walzerklängen auf der Bahn in den unüblichen Maßen 40 x 60 Meter und versuchte sich an kleinen Sprüngen. Bei Stromsperre bot sich dem Betrachter ein gespenstisches Bild. Da die Schlittschuhe an das dürftige Schuhwerk angekurbelt werden mussten, die Hacken an den Schuhen für derlei „Späße" aber nicht gedacht waren, lief ich öfters „hackenlos" nach Hause. „Hackentöter" nannte man derartige Schlittschuhe...

Die Liste klangvoller internationaler Eislaufstars, die sich bei Sträußchen einen guten Schliff anfertigen ließen, ist lang. Das Schleifen war kostenlos, lediglich eine Tafel Westschokolade nahm er gerne an. In Garmisch-Patenkirchen bei Schleifer Richard musste Mitte der 70-er Jahre die DDR-Eislaufdelegation für einen Schliff der Schienen von Christine Errath „stramme" 55 DM West hinlegen... Seine erste Schleifscheibe hat er Mitte der 30-er Jahre auf die Nähmaschine seiner Mutter montiert und damit begann seine „Schleifer Laufbahn". In seiner handwerklichen Vielseitigkeit war er kaum schlagbar. Alte Kinderwagengestelle wurden mit längst abgeschriebenen Waschmaschinenmotoren versehen und zum Rasenmäher umfunktioniert. Funktionstüchtige Akku-Ladegeräte entstanden aus gewickelten Transformatoren...

Seine illuminierten Lichterketten an der Bande bei Schaulaufveranstaltungen hatten Kultstatus, seine ursprünglich als Schleifwerkstatt eingerichtete Arbeitsstätte hatte weltweit in Fragen (Un)Ordnung keine Konkurrenz zu befürchten...

(aus: Günter Bräuer „Was ich euch noch schreiben wollte...")

Jürgen Breitschuh, Sträußchens Nachfolger, und Gisela, unsere Physiotherapeutin

Es fügte sich, dass Jürgen Breitschuh als erfolgreicher Eishockeyspieler des SC Dynamo Berlin nach der Saison 1982/83 aufhörte, immerhin hatte er seit der Saison 1968/69 in der Oberligamannschaft des Clubs gespielt. Jürgen Breitschuh war in seiner Mannschaft besonders beliebt, ein eher ruhiger junger Mann mit ausgeglichenem Charakter. Nur während eines Spiels konnte er schon einmal „ausflippen", wie er das bezeichnet, wenn er gefoult wurde. Ehrgeizig war er natürlich, aber nie verbissen. Kein Mann der großen Worte, sondern der Taten. Man konnte sich auf ihn verlassen. Jürgen Breitschuh spielte beim SC Dynamo Berlin im Sturm, meist auf der Außenposition und mit der Rückennummer 10. Einer seiner Mannschaftskollegen war Joachim Zische, der später jahrelang erfolgreicher Trainer der Dynamo Eishokkeys war und Nationalmannschaftstrainer, außerdem 1994/95 Trainer der Eisbären Berlin, wie sich die Dynamos (vorher EHC Dynamo) später nannten. Er wurde mit seiner Mannschaft nicht nur sieben Mal DDR-Meister, er absolvierte auch insgesamt 107 offizielle Länderspiele. Jedenfalls suchte Jürgen nach seiner sportlichen Laufbahn 1983 eine neue Berufung. Mit Schlittschuhen konnte er ja umgehen, und Sträußchen brauchte einen Nachfolger. Ralf Stein, der damals amtierende Sektionsleiter Eiskunstlaufen, fragte Jürgen, ob er nicht an Sträußchens Stelle treten wolle.

Sträußchens Fußstapfen erschienen zunächst ziemlich groß zu sein, aber der Mensch wächst mit seinen Aufgaben. Sträußchen stand Jürgen einige Zeit mit Rat und Tat zur Seite und verriet ihm das eine oder andere Geheimnis. Mit den sensiblen Kringeldrehern, wie die Kunstläufer von den Eishockeys immer genannt wurden, kam Jürgen gut zurecht. Ihm machte der Job auch Spaß, und mit Günter „Atze" Bräuer, als damaliger Org.-Leiter auch der Chef von Jürgen, verstand er sich sofort. Eine Freundschaft, die bis heute anhält.

Bis 1991 kümmerte sich Jürgen Breitschuh – im Eishockey würde man sagen als Materialwart – um die Belange der Eiskunstläufer des Clubs. Er konnte das Vertrauen der Sportler gerade durch seine zurückhaltende Art sehr schnell gewinnen.

Doch die Wende brachte dann halt die Wende. Viele Stellen wurden gestrichen, so auch die des „Schlittschuhschleifers". Jürgen machte sich 1993 selbständig. Er betreibt seitdem den Eislaufshop im Berliner Sportforum Hohenschönhausen, also an seiner alten Wirkungsstätte. Dort kann sich jeder Schlittschuhe ausleihen, und diese werden auf Wunsch auch fachmännisch geschliffen. Verheiratet ist er mit Gisela, ehemals Sawatzki, und ihre Tochter Claudia zählt inzwischen 29 Lenze. Gisela und Jürgen sind sich in der Sportmedizin in der Fritz-Lesch-Straße begegnet. Darunter verstand man eine zentrale Einrichtung, in der Ärzte, Physiotherapeuten, also Sportmediziner, für das Wohl der Sportler sorgten. Man war dort bestens aufgehoben, denn die medizinische Betreuung war einfach großartig und es gab auch eine klinische Abteilung, wo Sportverletzungen operiert und auskuriert wurden.

Um es aber erst gar nicht zu Verletzungen kommen zu lassen, hatten alle Sportler des SC Dynamo Berlin das Vergnügen, aber auch die Pflicht, sich ein- bis zwei Mal in der Woche physiotherapeutisch betreuen zu lassen. Für jede Sportart gab es einen verantwortlichen Masseur bzw. eine Masseurin. Die Eishockeyspieler konnten auf ihren Dieter Dewitz vertrauen und für die Eiskunstläufer war Gisela Sawatzki zuständig. Auch so eine Seele von Mensch. Wir wurden von ihr mit klassischer oder Unterwassermassage verwöhnt und mussten in die Sauna gehen. Mussten deshalb, weil dieser Termin immer am Ende eines langen Trainingstages lag, und da wollten wir lieber nach Hause. So kosteten uns die drei Saunagänge nochmals 90 Minuten. Aber Gisela ließ nicht locker, Abhärtung für Eissportler tat Not. Gisela konnten wir auch immer alles erzählen. Was davon dann doch ab und zu die Trainer erfahren haben, ist nicht überliefert. Inge Wischnewski gehörte zu den Trainerinnen, mit denen sich Gisela besonders gut verstand. Von 1972 bis 1990 war Gisela die verantwortliche Physiotherapeutin der Eiskunstlauf-Nationalmannschaft. In dieser Funktion nahm sie 19 Mal an Europa- und Weltmeisterschaften im Eiskunstlaufen teil und war zwei Mal bei Olympischen Spielen dabei. Sehr oft teilte sie bei diesen sportlichen Höhepunkten ein Zimmer mit Inge Wischnewski und sagt heute: „Ich habe viele schöne Stunden mit Inge erlebt, in denen ich sie als Trainerin, vor allem aber als Mensch schätzen lernte." Gisela Sawatzki – heute Breitschuh – hat ihren ganz besonderen Teil zu den Erfolgen der Eiskunstläufer der damaligen Zeit beigetragen, auch weil sie sich selbst niemals in den Mittel-

punkt rückte, aber mit unendlich viel Geduld und Fachkenntnis den Verspannungen in den Muskeln und manchmal auch in den Köpfen zu Leibe rückte. Gefunkt hatte es zwischen Gisela und Jürgen auf einer Saisonabschlussfeier im Berliner Sportforum. Diese wurden meistens im „Glaskasten" der Kantine, gleich neben der Eishalle gefeiert und von Otto Senftleben bestens organisiert. Von den Büffets schwärmen heute noch alle, die dabei waren. Gisela und Jürgen wissen nicht mehr genau, wie der Funke übergesprungen ist. Da Gisela aber ihren Jürgen schon „nackt" gesehen hatte, in der Sauna, und ihr offenbar gefiel, was sie sah, kam man sich relativ schnell „näher". Beide sind liebenswerte Menschen, und es ist ihnen zu gönnen, dass sie mit ihrem Eislaufshop, in dem Gisela als heutige Rentnerin tatkräftig mithilft, durch hohen Kundenzuspruch belohnt werden. Man stelle sich vor: Die beiden fahren jeden Tag von Falkensee, wo sie wohnen, nach Hohenschönhausen und zurück, um ihr Geschäft für alle Eislaufbegeisterten zu öffnen und erst nach 20 Uhr wieder zu schließen. Auf ihre Weise leben und lebten sie ihr Leben für den Eislaufsport. Noch bis vor kurzem nahm Jürgen an Traditionsturnieren „Eishockey Ost" teil, zu seinen ehemaligen Sportkollegen pflegt er noch heute einen engen Kontakt. Manchmal läuft er mit Gisela noch Schlittschuh – nun aber auf einem zugefrorenen See. *CSE*

Abb.: Horst Strauß, genannt „Sträußchen" gehörte zu den Legenden in der Eislaufwelt; die Riesen-Sicherheitsnadeln für die Kostüme bastelte er aus Konservendosen; Christine Stüber-Errath besuchte ihn zum Geburtstag; Jürgen Breitschuh war früher Eishockey-Spieler; Jürgen mit Gisela und Tochter Claudia

Plakate aus dem Gartenhäuschen
Ralf Stein und Günter Bräuer, Mitarbeiter der Sektion Eiskunstlauf

Ralf Stein ist ein bescheidener Mann. „Über mich müssen Sie nichts schreiben, aber vielleicht kann ich Ihnen mit einigen Hinweisen zu dem einen oder anderen ehemaligen Läufer dienen, und sei es auch nur mit einer Telefonnummer oder Adresse", sagt er am Telefon. Der heute 78-Jährige lebt seit vielen Jahren mit seiner Frau in einer kleinen Altbauwohnung an der Kaulsdorfer Straße in Köpenick.

Bis 1985 war er Mitarbeiter beim SC Dynamo Berlin. Er kam aus Sachsen und war zunächst bei den Eisschnellläufern, ehe er in den 70er Jahren zur Sektion Eiskunstlauf wechselte. Er war auch für die Tausend kleinen Dinge zuständig, ohne die der Trainings- und Wettkampfbetrieb gar nicht möglich wäre.

Leider sei nach der Wende viel Archivmaterial weggeworfen worden, bedauert er. Auch er habe aus Platzgründen viele Dinge inzwischen entsorgt – Broschüren, Programmhefte, Zeitungsartikel, Vereinsutensilien usw. Als ich meinen Besuch ankündigte, fuhr er extra noch einmal in den Garten, kletterte auf den Zwischenboden des Gartenhäuschens und fand tatsächlich noch eine Rolle mit Plakaten von nationalen und internationalen Wettkämpfen. Im Keller finden sich dann noch einige Fotos, Tücher und Wimpel vom Club. Und eine Broschüre, die Heinz Florian Oertel anlässlich des 30. Geburtstages der SV Dynamo verfasste („Klasse – Dynamo!"). Letztere erinnert u.a. an die Geburtsstunde der Sportvereinigung Dynamo am 27. März 1953 mit der Gründungskonferenz im Gesellschaftshaus Grünau, die feierliche Übergabe der Berliner Dynamo-Sporthalle am 21. Januar 1958 und natürlich die unzähligen nationalen wie internationalen Erfolge der Dynamo-Sportler.

Fast zu jedem Wischnewski-Schützling auf unserer Liste fällt ihm irgendein Detail ein. Etwa, dass Michael Glaubitz zu Nina Hagens Hit „Du hast den Farbfilm vergessen" lief, Vater Liebers seinen Mario morgens 6.30 Uhr von Schöneweide nach

Hohenschönhausen zum Training brachte, sich Ralf Lewandowski einmal mittels verknoteter Laken aus der ersten Etage der elterlichen Wohnung im Prenzlberg „abseilte" usw. usw. An seine Kollegin Inge Wischnewski denkt Ralf Stein noch oft. „Sie war von ihrer Arbeit besessen, im positiven Sinne und hat sich rührend um ihre Schützlinge gekümmert. Ich erinnere mich zum Beispiel, dass Uwe Kagelmann und Rolf Oester-

reich anfangs im Mädcheninternat wohnten, weil sie noch so klein waren. Inge kümmerte sich um die Jungs, räumte auch mal die Zimmer mit auf oder sorgte dafür, dass in der Schule alles lief. Sie vergaß nie einen Geburtstag ihrer Schützlinge. Ihr Wissen und ihre Erfahrung als Trainerin stellte sie uneigennützig auch anderen Eislaufstützpunkten zur Verfügung, etwa Rostock oder Weißwasser. Manchmal war sie aber auch ein Pechvogel – ob es die Longe war, die ihr in Halle 2 an den Kopf flog oder ein Treppensturz oder ein gebrochenes Bein beim Tischtennis. Dass sie der kalte Gegenwind, der zuweilen von ‚ganz oben' kam, nicht umhaute und resignieren ließ, zeigt ihre Charakterstärke und ihre große Liebe zum Eiskunstlauf."

Eisschnellläufer, Trainer, Organisator: Günter Bräuer

Da, wo das Leben von Pankow pulsiert, in unmittelbarer Nähe zu S- und U-Bahnhof, wohnt Günter Bräuer mit seiner Frau Margot in einem gediegenen Altneubau. Das Treppensteigen in die dritte Etage ist tägliches Fitnesstraining. Doch das Ehepaar, das bald auf die „Goldene Hochzeit" zusteuert, ist Sport ja von Kindesbeinen an gewöhnt. Günter, der Berliner, flitzte schon als 13-Jähriger seine ersten Runden auf Kufen in der 1950 eröffneten Werner-Seelenbinder-Halle. Margot war in Neumühle bei Schwerin Handballerin, ehe sie zum Eisschnelllauf kam. Der gelernte Fernmeldemonteur (geboren 1937) kam 1960 zum SC Dynamo Berlin. Zunächst war er im Eisschnelllauf selbst aktiver Sportler, trainierte beim damaligen Trainer Thun, wurde später selbst Trainer. Aus gesundheitlichen Gründen wechselte er 1971 in die Leitung des Clubs. Als Leiter für Organisation und Technik der Sektion Eiskunstlauf kümmerte er sich u.a. um Pokalwettbewerbe wie die „Blauen Schwerter" oder Schaulauftourneen („Polarsterne"), die orga-

ganisatorische Vorbereitung auf nationale wie internationale Wettkämpfe, um Trainingslager, Kostüme, Finanzen, Hotelunterkünfte und Tausend andere Dinge im Trainings- und Wettkampfbetrieb.
Ab Dezember 1989 war er Leiter der Sektion EKL. Am 30. September 1990 wurde er in den „vorzeitigen Ruhestand" geschickt. Günter Bräuer ist seit 1963 mit der ehemaligen Eisschnellläuferin Margot Obschernitzki, der Schwester von Olympiasiegerin Helga Haase (1960 Squaw Valley), verheiratet. Die beiden haben eine Tochter (Wenke, heute 40) und einen Sohn (Veikko, 37) und sind zweifache Großeltern. In seinen autobiografischen „Lebenserinnerungen" (erschienen 2004) widmet der begeisterte Video- und DVD-Bastler mehrere Kapitel den Jahren beim SC Dynamo und lässt den Leser einen Blick „hinter die Bande" der Trainingsstätten der Eisläufer werfen. ***ID***

Günter B.
Was ich euch
noch schreiben wollte...
Lebenserinnerungen.

Abb.: Das Plakat der EM von Helsinki 1977 ist nur eines aus der Sammlung von Ralf Stein; Ralf Stein (3. v.r.) 1980 im Kollegenkreis; Günter Bräuer (hier im Jahr 2009 zu Hause in Pankow) hat seine Lebenserinnerungen 2004 veröffentlicht.

Günter Bräuer über Inge Wischnewski:

Ich kenne Inge schon seit 100 Jahren, wie man so schön sagt, noch bevor sie Trainerin wurde. Ich habe sie in der Werner-Seelenbinder-Halle laufen sehen, ihre ersten Tänze auf dem Eis noch vor Augen. Später war sie mir stets eine aufrechte, ehrliche Kollegin. Sie war eine feinfühlige Trainerin, hart in ihren Forderungen, aber auch sehr verständnisvoll, wenn es um ihre Schützlinge ging. Sie kümmerte sich auch außerhalb der Eisbahn um sie, ging mit ihrer Trainingsgruppe z.B. ins Kino oder ins Theater und hatte immer einen ganz engen Kontakt zu den Familien ihrer Sportler. Ihr ganzes Leben drehte sich ums Eislaufen.
Selbst, als sie einmal verletzt im Krankenhaus lag und Kürmusik von einem nahe gelegenen Eisstadion vernahm, versuchte sie das Geschehen dort mit zu bekommen. Sie war eben immer mit Herz und Seele dabei und konnte auch nach ihrer Verabschiedung in den Ruhestand nicht loslassen. Noch heute, nach so vielen Jahren, hat sie Kontakt zu vielen ihrer ehemaligen Schützlinge und Trainerkollegen.

„Das wilde Tier im Busch"
Episoden und Geschichten
aus mehr als 30 Jahren

Neben Training und Wettkämpfen, Reisen und auch Polit-Instruktionen gab es auch immer wieder seltsame und kuriose Begebenheiten. Einige davon wurden für dieses Buch erzählt und aufgeschrieben.

Bäuchlings in die Tannenbäume

Alljährlich in der Weihnachtszeit zog die Revue „Polarsterne" Tausende Zuschauer in die Eishalle. Die Ideen für die einzelnen Darbietungen kamen vor allem von Heinz Lindner und Inge Wischnewski. Unter anderem gab es ein Blechbüchsen-Eishockeyspiel zweier Clownsmannschaften. Dazu kam **Ralf Richter** im Schiedsrichterkostüm mit Trillerpfeifennuckel aufs Eis. „Sträußchen, also Herr Strauß, hatte mehrere Weihnachtsbäume auf dem Eis aufgebaut", erzählt Ralf. Er rutschte dann, wie vorgesehen, bäuchlings durch das Spalier der kleinen Eishockeyspieler. Lief aber mit so viel Schwung, dass einige der Tannenbäume – und das stand nicht im Programm – ins Wackeln kamen und umfielen. „Trainerin Inge Wischnewski konnte die Begeisterung des Publikums keineswegs teilen", hieß es später in der Presse. Doch Ralf habe gelacht und sei in die Kabine gestürmt, um sich für die nächste Darbietung umzukleiden. „Sträußchen hatte dann die Idee, die Bäume zu Reihen zusammen zu nageln", erinnert sich Ralf. Gesagt, getan. „Bevor ich aufs Eis ging, wetteten Uwe Kagelmann und Rolf Österreich mit mir, dass ich mich nicht trauen würde, in die Bäume zu rutschen. Sie verloren die Wette. Ich segelte in die Tannenbäume – und diesmal fiel die ganze Reihe um."   *I. Dittmann*

Das verhinderte Geburtstagsgeschenk

Im Jahr 1955 war Inge unsere Trainerin für die 1954 neu eingeführten Eislaufklassen der Sportschule. Als ihr 25. Geburtstag am 2. März nahte, beschlossen wir, ihr ein besonderes Geschenk zu machen. Es sollte etwas anderes sein als die üblichen Pralinen oder Alpenveilchen. Jemand kam auf den Gedanken, ihr richtige Schlittschuh-Schoner zu schenken – also solche aus Holz und nicht wie unsere Selbstgemachten aus Gartenschlauch. Doch das war schwierig. Schoner aus Holz gab es damals nur im Westen, für uns indes durchaus erreichbar in Gestalt von Westberlin. Und bezahlbar in Ostmark mal fünf. Offiziell war das nicht erlaubt, heute würde man sagen: politisch nicht korrekt. Wir liebten unsere Inge aber so sehr, dass uns das egal war. Eine Westberliner Tante wurde erfunden, um auch unseren politisch korrekteren Mitschülern die Teilnahme an der Sammelaktion zu

ermöglichen. Ich erbot mich, den Einkauf zu tätigen, denn wir wohnten in der Nähe des Grenzüberganges Wollankstraße. Am Sonnabend vor dem Geburtstag zog ich klopfenden Herzens los. Das Herzklopfen verstärkte sich, als ich an der Grenze eine besonders aufmerksame Kontrolltätigkeit der Volkspolizisten beobachtete. Mein Mut sank und sank, ich hatte richtig Schiss. So kehrte ich schließlich um, ohne überhaupt zum Sportgeschäft gekommen zu sein. Da es schon Wochenende war, konnte auch kein anderes Geschenk beschafft werden. Zu Hause schlug mir meine mitleidige Mutter vor, Inge statt der Schoner einen wunderbaren Tulpenstrauß, den mein Vater von irgendeiner edlen Institution bekommen hatte, zu schenken. Tulpen waren zu dieser Jahreszeit sehr selten und daher war das eine ganz gute Ersatzlösung. Wie ich die Angelegenheit meinen Freunden erklärt habe, weiß ich nicht mehr. Wir überreichten Inge zum Trainingsbeginn die Tulpen. Die aber waren nun doch schon gealtert, mein Vater hatte sie vermutlich einige Tage zuvor schon bekommen. Gelbe Blütenblätter fielen aufs Eis. Inge hat es mit Fassung freundlich ertragen.
Dr. Tamara Seeberg (früher Dutz)

Das „wilde Tier" im Busch

Man schrieb das Jahr 1965. Meist fuhren die Eiskunstläufer im Winter in ein Trainingslager. Das war spannend, weil man nicht nur andere Sportler, sondern auch andere Länder kennen lernte. Im Winter 1965 ging es nach Mlada Boleslav. Die Eisbahn dort war winzig, so ungefähr 10 x 20 Meter groß. Alle Läufer hatten da keinen Platz, so wurden die Trainingszeiten geteilt. Die Aktiven aus Karl-Marx-Stadt durften von 8 bis 12 Uhr am Vormittag aufs Eis, die Läufer aus Berlin mussten von 20 bis 24 Uhr am Abend trainieren, also bis Mitternacht. Trotz alledem gab es viel Spaß, besonders beim „Eismachen". Auf einem Schlitten befand sich ein Wasserbehälter, der in regelmäßigen Kurven über die Bahn gezogen werden musste, damit das Eis wieder glatt wurde. Man kann sich vorstellen, wie oft der Schlitten ins Straucheln kam! Eine Besonderheit dieser Trainingslager war, dass nicht nur zusammen gearbeitet, sondern auch zusammen gefeiert wurde. Es gab also eine Abschlussfete. Auch **Rolf Oesterreich** und **Uwe Kagelmann** waren lustig und hatten „einen Schluck zuviel" von der Bowle gekostet. Irgendwie war den beiden dann plötzlich alles egal. Sie nahmen sich vor, Inge Wischnewski zu ärgern. Beide versteckten sich im Dunkeln hinter einem Rhododendron-Busch. Es dauerte nicht lange, da kam Inge, um die beiden zu suchen. Uwe und Rolf wussten, dass Inge nachtblind war. Sie fuhr deshalb auch abends nicht mit dem Auto. Jedenfalls schmissen die Lümmel Sand über den Busch, so dass Inge denken musste, es wäre ein Tier darin. Vor lauter Angst warf sie ihr kleines Stern-Taschenradio nach dem „wilden Tier". Das Radio ging dabei entzwei. Die Sache flog natürlich auf, und es gab wieder einmal Ärger; heute lachen alle darüber – auch Inge. Sowohl Rolf als auch Uwe denken gern an diese Zeit zurück. Durch das Training bei Inge konnten sie vieles lernen, was ihnen später als Paarläufer zu Gute kam.
Christine Stüber-Errath

Nach den Pirouetten Tore schießen

III. Bezirks-Kinder- und Jugendspartakiade, Februar 1971 in Berlin: Neben Eiskunst- und Eisschnellläufern nehmen auch vier Eishockeymannschaften teil. Große Aufregung herrschte bei der Pankower Jugendmannschaft. Nur 6 von 20 Spielern waren erschienen. Was tun? Zur Verwunderung der Zuschauer zog sich (mit Genehmigung des Wettkampfgerichts) kurzentschlossen **Ralf Richter**, Zweiter der DDR-Eiskunstlaufmeisterschaften 1971, das blaue Trikot der Pankower über. Beim 22:5-Sieg gegen die Köpenicker Jungen setzte der Eiskunstläufer mehrfach den Puck ins gegnerische Tor. „Ich spiele zum Ausgleich gern mal Eishockey", meinte der 15-Jährige. Und seine Trainerin: „Ralf ist eben sehr vielseitig."   *I. Dittmann*

Die Wermutpulle in Zinnowitz

Auch Sportler kommen in die Pubertät. Mit den damit verbundenen körperlichen Veränderungen hatten eigentlich alle zu kämpfen, aber das wurde nicht thematisiert. Es war für alle recht schwierig, vom Jungen zum Mann und vom Mädchen zur Frau heran zu wachsen, denn da sollte eigentlich nichts weiter sein als Training. Doch Gefühle bahnen sich ihren Weg, und die kleinen Rebellionen gab es auch bei den Eiskunstläufern. Sie waren vielleicht sogar ausgeprägter, denn das „Verbotene" reizt um so mehr. **Michael Glaubitz** erinnert sich zum Beispiel an die Sommertrainingslager in Zinnowitz:
Die Sportanlage mit hotelähnlichem Charakter war wunderbar gelegen. Zwischen den Trainingsstätten und der Ostsee befand sich nur der Wald. Auf direktem Weg wäre man in zirka 7 Minuten am Meer gewesen. Man konnte sich des Eindrucks

nicht erwehren, dass sich vor allem die Trainer diesen Vorteil zu Nutze machten. Wir Sportler hingegen hassten den Wald, weil wir dort unser so genanntes Ausdauertraining absolvieren mussten. Jeder, der schon einmal versucht hat, durch sandigen Waldboden an der Ostsee zu laufen, weiß, wie furchtbar anstrengend das ist. Zum Glück gab es aber auch die Spaß betonten Übungsstunden, wo am Strand Volleyball gespielt wurde, oder wir einfach nur rumalberten. Auch wir Einzelläufer haben manchmal Paarlaufelemente wie Hebungen ausprobiert. Das sah so komisch aus, dass man aus dem Lachen nicht mehr raus kam. Trotzdem standen wir unter Stress. Dem konnte man sich nur heimlich entziehen. Ich war 13, als ich mit Ralf

Block in diesem beschriebenen Wald beinahe verschollen wäre. Wir wollten doch auch wissen, wie das so ist mit einem kleinen Schwips. Also besorgten wir uns eine Flasche Wermutwein der Sorte „Gotano", schlichen uns in den Wald und köpften die Pulle. Erst als diese leer zu sein schien, schlichen wir zurück ins „Objekt" in unsere Zimmer. Dabei ist schleichen vielleicht untertrieben, wir torkelten, aber die Erfahrung haben wir gebraucht. Mir war am nächsten Morgen so schlecht, dass ich lange Zeit keinen Wermut mehr getrunken habe. Dass Sportler ganz und gar nicht verklemmt sind, ist hinlänglich bekannt. Das war schon zu DDR-Zeiten so. Wir wussten genau, wie wir die Mädchen necken konnten und die hatten ja auch ihren Spaß daran. Wenn Inge gewusst hätte, dass wir uns regelmäßig zum gemeinsamen Duschen verabredet haben – aber sie hat´s ja nicht gewusst. Heute ist es ein Spaß, darüber zu reden, auch über die Tatsache, wie wir uns über einen Lüftungsschacht den Blickkontakt zu den Mädchenduschen ermöglichten. Ich hab jedenfalls meine weiblichen Trainingskolleginnen alle nackt gesehen. Nur um das klar zu stellen, das war natürlich alles ganz und gar harmlos. Wir haben uns nur höllisch gefreut, dass das niemand, eben auch Inge nicht, geahnt hat.

Michael „Mücke" Glaubitz

Die Perückenzeit

Manche Dinge sind zu einer bestimmten Zeit modern und später schmunzelt man darüber. Wenn man Fotos von Inge Wischnewski aus ihrer Zeit als Trainerin sieht, staunt man über ihren vollen Haarschopf. Auf jedem Foto perfekt frisiert. Der Grund ist einfach erklärt: Inge war mit ihrem echten Haar nicht glücklich und deshalb überzeugte Perückenträgerin. Mit dieser „Marotte" stand sie aber nicht allein da.

Auch die Karl-Marx-Städter Trainerin Jutta Müller trug lange eine Perücke – bis ihr Jan Hoffmann diese bei einem Freudenausbruch nach einer gelungenen Kür vor versammelter Fotografenmannschaft vom Kopf gerissen hat. Inge sparte sich ihren Kopfschmuck regelrecht vom Munde ab. Diese Echthaarperükken gab es ja nur im westlichen Ausland, und wenn wir unterwegs waren, bekamen wir 7 DM als Tagessatz. Der war eigentlich dafür gedacht, dass man sich etwas zu Essen kaufen konnte. Also wurden Konserven mitgenommen und andere haltbare Lebensmittel. Von den Tagessätzen kaufte sich Inge ihre Perücke. Und, was uns noch viel mehr beeindruckte, auch die Schallplatten für unsere zukünftigen Kürmusiken.

Ich dagegen kam nach jeder Reise mit einem neuen Stoff für ein Kürkleid nach Hause. Das konnte meine Mutti dann hervorragend verarbeiten. Sie schneiderte ja alle meine Kleider selbst, wofür ich ihr noch heute dankbar bin, denn ich war nicht unbedingt das geduldigste Model. Aber zurück zu den Perücken. In den siebziger Jahren waren die einfach modern. So kannte man auch den Berliner Paarlauftrainer Heinz Lindner nur mit vollem Haarschopf, obwohl er relativ früh „oben ohne" war. So wie mein Vati. Er sah mit seiner Glatze eigentlich super aus, aber ich schloss aus seinen Bemerkungen, dass er auch ganz gern so eine Perücke gehabt hätte. Also brachte ich ihm von einer Schaulauftournee so ein Ding mit. Er hat die Perücke getragen wie andere einen neuen Anzug. Sie wurde nur aufgesetzt, wenn er sich „schick" machen wollte. So kannte man meinen Vater mal mit, mal ohne Haare, was schon manchmal zu Irritationen führte. Inge blieb bis in die 90-er ihrer Perücke treu. Ich kannte sie gar nicht anders. Irgendwann hat sie sich wohl entschieden, auch in Bezug auf die Haartracht sich selber treu zu sein. Und ich finde, sie kann sich sehen lassen – auch ohne Perücke. **Christine Stüber-Errath**

Die Sache mit dem FBI

Wir Eiskunstläufer hatten das große Glück, dass in unserer Sportart nach den Weltmeisterschaften in jedem Jahr eine große Schaulauf-Tournee veranstaltet wurde. Die Tour führte immer durch den Kontinent, wo die Welttitelkämpfe stattfanden.

Für uns DDR-Küken war es ein unglaubliches Erlebnis, vier Wochen durch die USA oder zum Beispiel durch Kanada reisen zu dürfen. Natürlich waren wir stets nur kurz in einer Stadt. Aber: Mit 16 oder 17 die Welt sehen zu können, war ja für uns alle schon Motivation genug, uns jeden Tag beim Training sechs bis sieben Stunden auf der kalten Eisbahn anzustrengen. Das kann sich ja heute keiner mehr vorstellen. Wir trainierten sechs Tage die Woche, immer auch mit der Hoffnung, bei den großen internationalen Meisterschaften dabei sein zu dürfen. Geld oder Erfolgsprämien, wie das heute üblich ist, gabs ja nicht. Außer bei den Schaulauf-Tourneen. Wenn man zu den drei besten Kürläufern oder Kürläuferinnen der WM gehörte, durfte man mit auf die Tour. Und je nach Erfolg erhielt man pro Auftritt 400 Dollar. Das war ein Vermögen für uns. Ich war 1972 und 1975 in den USA und Kanada unterwegs. 1972 betreute mich der Paarlauftrainer Heinz Lindner, weil man damals meine Trainerin Inge von Seiten der Sportführung nicht nominiert hatte. Das waren zuweilen sehr eigenartige, nicht nachvollziehbare Entscheidungen. 1975 war das anders. Ich hatte den WM-Titel von 1974 im Gepäck und wurde Dritte bei den Weltmeisterschaften 1975 in Colorado Springs. Die Tour der Stars ging los. Nach dem zweiten Schaulaufen war Inge plötzlich total nervös. Wir alle – Manja Groß, Uwe Kagelmann, Romy Kermer, Rolf Oesterreich, Heidi Steiner-Walther und Inge – sollten uns treffen. Wegen einer angeblich „brenzligen Situation". Inge verkündete, dass ein Mann von der ständigen Vertretung unseres Landes in den USA (das war wohl eher ein Geheimdienstler) ihr mitgeteilt hätte, dass es einen mysteriösen Anruf gegeben habe. Der Anrufer hatte angekündigt, dass jemand aus der DDR-Mannschaft gekidnappt werden sollte. Wir dachten, das wäre ein Scherz. Doch von diesem Tag an wurden wir von den Herren des FBI bewacht (oder beschützt?). Die FBI-Leute waren überall – neben dem Hotelzimmer, an der Eisbahn. selbst vor dem Bus, mit dem wir zur Show gelangten, fuhr ein Polizeiauto. Auch bei Spaziergängen oder Einkäufen wichen die Männer nicht von unserer Seite. Ich vor allem habe das als Abenteuer betrachtet. 10 Tage dauerte es vielleicht, dann fanden wir das nicht mehr spannend, sondern anstrengend, immer mit Bodygard aus dem Hotel gehen zu müssen.

Das Ende war glücklich, aber wie ich feststellen musste, hätte es ohne FBI übel ausgehen können. In Chicago erhielt ich nämlich auf meinem Zimmer einen Anruf. Eine männliche Stimme forderte mich auf, in die Hotel-Lobby zu kommen. Nun war mein Englisch nicht gerade perfekt und ich dachte ja, wir sind beschützt. Ich wollte gerade los, da klingelte das Telefon erneut. Diesmal meldete sich eine männliche Stimme auf deutsch und wies mich an, das Zimmer auf keinen Fall zu verlassen. Da wurde mir dann doch komisch. Offenbar gab es geheimdienstliche Zusammenarbeit hinter den Kulissen. Inge muss in jenen Tagen ziemlich unter Stress gestanden haben. Sie hatte wohl mit den Herren ständig Kontakt, wollte uns Sportler aber nicht unnötig in Angst versetzen.

Es wurde dann tatsächlich ein Mann verhaftet, von dem ich bis heute nicht weiß, wer es war. Was ich jedoch weiß: Die geplante Entführung war ernst gemeint. Es sollte mich treffen. Dem FBI bin ich bis heute dankbar. ***Christine Stüber-Errath***

Black eggs – Der missglückte Schallplattenkauf

Eine zu DDR-Zeiten von allen Sportlern geliebte Tatsache im Eiskunstlaufen war, dass die meisten internationalen Wettkämpfe im „NSW" (nichtsozialistisches Wirtschaftsgebiet) stattfanden. Da man die Trainer und Aktiven aber nicht ohne Geld in den Westen reisen lassen konnte, erhielten wir eine Summe zwischen 7 und 15 DM pro Tag. Davon sollten wir uns eigentlich an den Tagen bis zum Start der Meisterschaft (von dem Moment an waren wir in der offiziellen Verpflegung des Veranstalters drin) Essen und Trinken kaufen. Das Geld wurde jedoch von allen Teilnehmern gespart. Wir nahmen uns immer Konserven mit ins Ausland, damit wir ein wenig Taschengeld zur Verfügung hatten. Damit waren wir natürlich privilegiert. Welcher DDR-Jugendliche verfügte schon über Westgeld! Doch viele Dinge, die für Jugendliche „in" waren, gab es halt nicht in der DDR. Und einiges war selbst dann nicht zu bekommen, wenn man gute Beziehungen hatte. Abgesehen davon, dass wir bei der Einreise in die USA unsagbar viel Ärger bekamen, weil dort die Einfuhr von Lebensmitteln verboten ist, wurden also immer haltbare Lebensmittel mit auf die Reise genommen. So konnte sich jeder einen kleinen Traum erfüllen. Außerdem machte uns das Shoppen unsagbaren Spaß. Die Eiskunstläufer besaßen außerdem das Privileg, auch allein „in die Stadt" gehen zu dürfen. Bei Mannschaftssportlern war nur ein Ausflug in der Gruppe erlaubt. Diesen Vorzug hatten wir der Tatsache zu verdanken, dass es in der Eiskunstlaufdelegation auch Funktionäre gab, die ihre „Geschäfte" lieber allein erledigten.

Was dem einen lieb, ist dem anderen teuer. Also zogen wir los, um die Kaufhäuser des Westens zu erobern. Ich kaufte fast immer Stoff für meine Eislaufkleider. Das tat ich meiner Mutti zuliebe, die ja alle meine Kleider genäht hat. Und mit dem „Weststoff" nähte es sich nun mal besser. Inge war immer und ständig auf der Suche nach neuen Kürmusiken. Die einzige Chance, an aktuelle oder in der DDR nicht verlegte Schallplatten zu kommen, war also während einer Westreise im Schallplattengeschäft. Oft fanden die Meisterschaften oder die Schaulaufveranstaltungen im englischsprachigen Raum statt. Wir Sportler konnten auf Grundbegriffe aus dem Schulunterricht zurückgreifen, aber unsere Inge war mit Vokabeln nicht so gut ausgestattet. Sie gehört zu den wunderbaren Menschen, die auch einmal über sich selbst lachen können, deshalb hat sie uns die folgende Geschichte erzählt: Es begab sich während eines Aufenthalts in den USA. Inge war schon vor der Abreise fest entschlossen, mit neuen Kürmusiken zurück zu kommen. Besonders hatten es ihr zu dieser Zeit große Melodien aus dem Bereich der Volksmusik angetan. Irgendwie ließ sie der Gedanke nicht los, den Titel „Schwarze Augen", eines der bekanntesten russischen Lieder, das 1843 erstmals veröffentlicht wurde, möglichst modern arrangiert, aufzuspüren.

Sie muss wohl in verschiedenen Schallplattenläden gesucht haben, kam aber unverrichteter Dinge zurück. Als wir sie nach dem Grund fragten, sagte sie enttäuscht, dass sie bei den Verkäufern auf Unverständnis gestoßen sei. Was sie denn gefragt hätte, wollten wir wissen. „Na, ich habe im Laden immer nach den ‚Black eggs' gefragt", war Inges Antwort. Als wir uns vor Lachen nicht mehr halten konnten, war sie richtig sauer. Dass die Eier nichts mit den Augen zu tun haben, mussten wir ihr ganz vorsichtig beibringen. Zu guter Letzt ist Inge doch noch zu ihrer Schallplatte gekommen – mit Hilfe eines Dolmetschers.   *Christine Stüber-Errath*

Die „Tschaika" in der Badewanne

Es war Mitte der 70-er Jahre. An einen internationalen Wettkampf schloss sich, wie üblich, eine Schaulauftournee an. Inge sollte sie begleiten. Doch am letzten Abend der Wettkämpfe blieb plötzlich Inges Armbanduhr stehen und ließ sich nicht wieder in Gang bringen. Was tun? Ohne Uhr auf Tournee? Unmöglich. Ich bot Inge meine Armbanduhr an. Es war eine „Tschaika" aus Moskau, und ich sagte zu Inge im Spaß, dass diese Uhr im Weltraum gestestet und zuverlässig sei.Inge fiel ein Stein vom Herzen, denn ohne Uhr die vielen Verabredungen einzuhalten und pünktlich zu den Veranstaltungen zu kommen – das war undenkbar. Die Schaulauftournee verlief erfolgreich und Inge berichtete neben anderen interessanten Erlebnissen über folgende lustige Begebenheit mit meiner Armbanduhr. Nach getaner Arbeit war es wohltuend zu baden oder zu duschen. Das war normalerweise kein Problem. Doch leider konnte Inge sich nicht der geliehenen Uhr entledigen – der Verschluss entpuppte sich als kompliziert und ließ sich nicht mehr öffnen. Nach vielen erfolglosen Versuchen kam Inge schließlich auf die Idee, eine Plastiktüte über Hand und Handgelenk zu ziehen. Diese „Erfindung" war zwar etwas unbequem, da sie den Arm mit Uhr und Plastiktüte beim Baden aus dem Wasser halten musste, aber immerhin konnte Inge während der 14-tägigen Tournee das erfrischende Nass genießen, ohne der Uhr Schaden zuzufügen. Denn wasserdicht war die Uhr nicht. Inge behandelte das geliehene Stück also wie ein rohes Ei und ich erhielt meine „Tschaika" funktionstüchtig wieder zurück.   *Brigitte Zeller*

Taschentücher hatten Hochkonjunktur

Ich erinnere mich gern an die Siegesfeiern im Hause Errath. Wir verfolgten bei Europa- und Weltmeisterschaften am heimischen Fernsehapparat die Küren der besten Damen, fieberten mit Christine und ihrer Trainerin Inge Wischnewski bei jedem Sprung, bei jeder Schrittbewegung mit. Gleich nach Verkünden des Resultats ging es dann per Auto nach Hohenschönhausen. Und wer kam da alles zu später Stunde – die Wohnstube war voller glücklicher Menschen. Vater Errath hatte zu tun, der Getränkebedarf war groß. Hier bestätigte sich das oft so strapazierte Sprichwort vom Sieger, der auf viele Väter verweisen kann (Der Verlierer hat nur einen). Bei Mutter Errath, glücklich über den Erfolg der Tochter, war Stolz zu erkennen.

Auch sie hatte einen Anteil am Erfolg – war sie schließlich oftmals die Schneiderin der Kostüme. Oft erlebten wir Christines ersten Telefonanruf im Elternhaus nach dem Wettkampf vom Ort ihres Erfolges – die Taschentücher der Zuhörer hatten Hochkonjunktur. Längst war der neue Tag eingeläutet, freudig betrunken ging es nach Hause. Am späten Nachmittag wurde das Auto abgeholt und nicht vergessen, Mutter Errath noch einen Blumenstrauß zu bringen.   *Günter Bräuer*
aus: Günter B. „Was ich euch noch schreiben wollte"

Nach Treppensturz mit dem Stuhl über's Eis

Ich glaube, es war 1974 auf dem Weg nach Kreischa. Auf dem Bahnhof Schöneweide stürzte Inge die Treppe runter und verletzte sich schwer. Doch bald ging sie wieder aufs Eis. Wir zogen sie auf einem speziellen Stuhl von einem Pflichtbogen zum anderen übers Eis. Einmal hat sich Bernd Wunderlich diesen Stuhl aus Gag oder Übermut mit Schwung über den Rücken geworfen, um sich dann darauf zu setzen. Doch der „Stuhlsalto" gelang nicht. Er verlor ihn und beide landeten auf dem Eis. Zum Glück gab`s keine Knochenbrüche. Inge gestattete es sich nie, lange krank zu feiern. Selbst auf Krücken kam sie zum Eis gehumpelt. ***Mario Liebers***

Inges witzige Geschichten brachten mich oft zum Lachen

Immer, wenn ich an Frau Wischnewski denke, erinnere ich mich an ihre witzigen Geschichten. Etwa diese: Während eines Banketts nach einer internationalen Meisterschaft gab es zum Nachtisch Eisbecher. Doch Christine Errath sollte darauf verzichten. Solidarisch, wie Inge Wischnewski war, sagte sie: „Christine, so was mögen wir gar nicht, das schmeckt uns nicht!" Die Eisbecher wurden zur Seite geschoben. Doch dann wurde Frau Wischnewski zum Tanz aufgefordert. Christine nutzte die Situation und verschlang mit doppeltem Löffeldurchschlag den leckeren Inhalt ihres Eisbechers. Inge sah dies aus dem Augenwinkel. Als sie dann zurück kam, schimpfte sie nicht etwa, sondern sagte nur trocken: „Christine, du kannst meinen auch noch haben!" Unschlagbar Gestik und Mimik, mit der Frau Wischnewski noch heute solche Geschichten erzählt. ***Chantal Richter (Volkmann)***

Von Cortina d'Ampezzo nach Innsbruck

Inge Wischnewski gehörte 1956 während der VII. Olympischen Winterspiele im italienischen Cortina d'Ampezzo zur kleinen Beobachterdelegation der DDR-Eisläufer. In der Zeitschrift „DDR Sport" vom Juni 1975 hieß es dazu u.a.: Die heutige Trainerin beim SC Dynamo Berlin, zu deren Schützlingen auch die dreifache Europameisterin Christine Errath gehört, war noch zwei Jahre vor dem olympischen Treff in Cortina d'Ampezzo letztmalig DDR-Meisterin im Eiskunstlaufen geworden, nun konnte sie ihre eigenen Erfahrungen und Beobachtungen als Trainerin weitergeben. „Es war ein schwerer Anfang damals", erinnert sie sich heute. „Wir hatten ja noch nicht das Leistungsvermögen und auch kaum Gelegenheit, unser Können international messen zu können. Uns blieben nur Fleiß und Hoffnungen auf eine erfolgreiche Zukunft." Und lächelnd fügt sie hinzu: „Dass noch im Olympiajahr 1956, genau am 29. Dezember, der Berliner Bauarbeiterfamilie Errath eine Tochter namens Christine geboren wurde, war für mich damals noch unbekannt und durchaus ohne Bedeutung..." Nun gehen Christine und ihre Trainerin in Innsbruck in den Kampf mit den besten Eiskunstläuferinnen der Welt.

Von der BZA bis zum WM-Booklet
Dokumentiertes

Bei unseren Recherchen fanden wir auch einige Dokumente, die nicht unerwähnt bleiben sollen. Sie zeigen noch einige weitere Facetten des spannenden Lebens der Sportlerin und Trainerin Inge Wischnewski.

Arbeitet mit den Kindern!

Nachdenklich wird man gestimmt, wenn man sich den jetzigen Leistungsstand in unserer Sektion Eiskunstlauf ansieht und ihn mit dem der Olympischen Spiele und Weltmeisterschaften vergleicht. Neben einigen sich gut entwickelnden Kinder- und Jugendgruppen gibt es noch eine hauchdünne Meisterklasse, die allerdings im Hinblick auf internationale Leistungen weniger meisterlich ist. So erhebt sich die Frage: Wann wollen wir es schaffen, dass unsere Besten die Deutsche Demokratische Republik mit Erfolg in internationalen Wettkämpfen vertreten können?
Wenn man in den letzten Jahren die Entwicklung des Eiskunstlaufs in unserer Republik aufmerksam verfolgt hat, so weiß man, dass wir mit den zur Zeit leistungsstärksten Läufern dieses Ziel nicht mehr erreichen können. Das Entwicklungstempo einer Helga Böttger oder des Ehepaares Kuhrüber war zu langsam; ihre jetzigen Leistungen sind zu gering, um das genannte Ziel zu erreichen. Ich glaube, dass wir das nur mit solchen Läufern schaffen können, die z.B. bei der Berliner Meisterschaft in den Schüler- und Jugendklassen die vorderen Plätze belegten. Diese jungen Läufer haben in den letzten zwei Jahren eine solide Grundausbildung erhalten. Ihre weitere schnelle Entwicklung wird aber zur Zeit nicht in genügendem Maße gefördert, sondern durch einige bürokratische Entscheidungen gehemmt. So trainieren diese Kinder bzw. Jugendlichen in 10- bis 15-köpfigen Gruppen, ohne dass die berechtigte Forderung nach Reduzierung der entwicklungsfähigsten Kindergruppen bei den dafür verantwortlichen Stellen Gehör findet. Weder die Abteilung Volksbildung beim Magistrat, noch die Abteilung Wintersport beim Staatlichen Komitee haben sich bisher dafür eingesetzt.
Für ein Jahr weilt der Studentenweltmeister im Eiskunstlaufen von 1953 und international bewährte Zdenek Fikar (CSR) bei uns als Gasttrainer, um bei der Ausbildung unseres talentierten Nachwuchses mit Rat und Tat zu helfen. Von ihm gibt es ohne Zweifel viel zu lernen. Bei einer intensiveren Auslastung der Trainingszeit ließe sich noch manches mehr für unsere Kleinsten tun. **Jeder Trainer im Eiskunstlauf sollte neben den von ihm zu trainierenden Jugend- und Spitzenläufern eine Kindergruppe betreuen.** Für unsere Spitzenläufer müsste es eine ehrenvolle Verpflichtung sein, bei dieser Arbeit mitzuhelfen. Da vor vier oder fünf Jahren die-

diese wichtige Arbeit versäumt wurde, stehen wir vor der bedauerlichen Tatsache, dass z.B. manche Eissportveranstaltungen in Berlin ohne ein ordentliches Kunstlaufprogramm durchgeführt werden muss. Von Seiten des Magistrats von Groß-Berlin und der Sportclubs Dynamo und Einheit wird der Eissport in großzügiger Weise gefördert. Mir scheint es an der Zeit, diese Förderung in wichtige Bahnen zu leiten, damit eines Tages wieder Könner von Format auf dem Eis in der Werner-Seelenbinder-Halle stehen.
Inge Kabisch-Wischnewski
Aus einem Artikel in der „BZ am Abend" vom 29. 2. 1956

Über die Aufstellung der Nationalmannschaft 1968

Unmittelbar nach den DDR-Meisterschaften 1968, die bereits im Dezember 1967 in der Berliner Werner-Seelenbinder-Halle ausgetragen wurden, wurden die Mitglieder der Nationalmannschaft berufen. Aus ihrem Kreis setzen sich die Delegationen für die Europameisterschaft in Västeras, die Olympischen Spiele in Grenoble und die Weltmeisterschaften in Genf zusammen.
Dazu Dieter Perfölz, Vizepräsident des Deutschen Eislauf-Verbandes der DDR, in einem Interview mit dem „Deutschen Sportecho" vom 11. Dezember 1967:
Frage: Die Nominierung der Nationalmannschaft für die Saison 1967/68 wurde vom Präsidium des DELV in würdiger Form vorgenommen. Ist eine solche Berufung gleichbedeutend mit internationalen Einsätzen?
Perfölz: „Im Prinzip ja. Auf jeden Fall werden die Teilnehmer an den kommenden internationalen Meisterschaften nur aus dem Kreis der Nationalmannschaft benannt. Das heißt aber noch nicht, dass jeweils alle Mitglieder der Auswahl bei den bevorstehenden Höhepunkten eingesetzt werden. Abgesehen davon, dass durch internationale Reglements für die einzelnen Länder bestimmte Teilnehmerkontingente feststehen, verpflichten insbesondere die Olympischen Winterspiele den DELV, solche Kräfte zu nominieren, die alle Voraussetzungen zu einem ehrenvollen Abschneiden besitzen. Die Mitglieder der Nationalmannschaft wissen das und werden bestrebt sein, diese Voraussetzungen zu erfüllen."

Abb.: Urkunde von Ralf Richter zur Aufnahme in die Nationalmannschaft 1967/68, doch zu internationalen Meisterschaften durfte er 1968 nicht fahren. Er wurde stattdessen für die II. Kinder- und Jugendspartakiade 1968 nominiert und gewann dort, wie schon 1966, eine Goldmedaille.

Und wie sah das dann konkret aus? Bei den Herren war es so: Bei den DDR-Meisterschaften 1968 gab es folgende Platzierung: 1. Platz Günter Zöller (SC Karl-Marx-Stadt), **2. Platz Ralf Österreich (SC Dynamo Berlin), 3. Platz Ralf Richter (SC Dynamo Berlin),** 4. Platz Jan Hoffmann (SC Karl-Marx-Stadt). Zur EM nach Västeras (Schweden) vom 23. bis 26. Januar 1968 fuhr Günter Zöller (8.), zur X. Winterolympiade nach Grenoble (Frankreich) vom 6. bis 18. Februar fuhren Günter Zöller (11.) und Jan Hoffmann (26.), und zur WM in Genf (Schweiz) vom 27. Februar bis 3. März fuhr Günter Zöller (11.). Dynamo-Läufern gab man keine Chance.

Das dreifache „Tinchen" bei der WM 1974

Karen Magnussen, die pausbäckige Kanadierin, und Janet Lynn aus Chicago, diese wirklich wahre Interpretin des Wortes „Kunstlauf", haben ihren Ruhm zu Reichtum umgemünzt, die beiden Erstplatzierten der zurückliegenden Weltmeisterschaften sind jetzt Profis. Die Dritte der Rangliste 1973 bietet sich an als neue Nummer eins, im Eiskunstlaufen ist der Aussortierungsprozess da meist keine Mordsprozedur. Ergo müsste Christine Errath vom SC Dynamo Berlin in München neue Weltmeisterin werden ...

Müsste – doch ganz so einfach ist das nicht. Vor drei Wochen wurde die 18-jährige Oberschülerin in Zagreb zwar zum zweiten Male nach Köln 1973 Europameisterin, dennoch weiß das immerzu kesse „Tinchen", dass drüben in den Staaten große Sprünge gemacht werden wie hierzulande durch sie selbst mit der Zagreber Weltpremiere des dreifach gedrehten Flip: „Ich rechne in der Olympiahalle vor allem mit Dorothy Hamill."

Die US-Meisterin wird vom Italiener Carlo Fassi betreut, der 1954 in Dortmund die Europameisterschaft gewann und quasi als Zugabe aus dem damaligen Gastgeberland Deutschland die Frankfurterin Christa von Kuczkowski als Ehefrau in die Wahlheimat USA mitnahm. Dort ist er Trainer in Colorado Springs. Fassi führte Peggy Fleming zur Weltmeisterschaft und strebt nun mit Dorothy Hamill den zweiten Goldgewinn an. Christine Errath, die mit Trainerin Inge Wischnewski im von Intrigen durchrüttelten Metier Kunstlaufsport ein von jedermann geschätztes Tandem bildet, weiß um diese Konkurrenz. Aber es passt nicht zu ihr, sich schon vorher darüber belastend den Kopf zu zer-

Abb.: Christine Errath und Inge Wischnewski haben Dorothy Hamill und Carlo Fassi besiegt.

brechen. Sie wird in München um ihre Chance kämpfen – nicht verkrampft, sondern unbeschwert wie die Musik, die sie liebt. „Spanische Rhythmen liegen mir besonders", sagt das temperamentvolle Mädel.
Und dann mag sie noch James Last. Nach einem Arrangement des Hamburger Party-Königs tanzt „Tinchen" in der Olympiahalle ihre Kurzkür.

aus dem Booklet zur Weltmeisterschaft im Eiskunstlaufen, München 1974

Worte zum Abschied von der Trainerlaufbahn

Liebe Inge!
Ein „Gewerbetreibender des Sports" wird in den leistungssportlichen „Ruhestand" versetzt. deine letzten **hauptamtlichen** Eiskunstlaufstunden werden eingeläutet. Ich möchte dir im Namen aller Anwesenden Dank sagen, und nur ein wenig resümieren. Einst mit 9 Jahren auf Rollschuhen in Weißenfels begonnen, in den Nachkriegsjahren beim Aufbau der zerstörten Sportstätte in deinem Heimatort tatkräftig zugepackt, 1950 über den FDJ-Sport in Naumburg nach Berlin verschlagen, schwebtest Du einst als Eiskunstläuferin über die „Feinfrost-Platte" der Berliner Werner-Seelenbinder-Halle. Nach drei Rollschuh-Meistertiteln wurdest du vier Mal als Meisterin unseres Landes im Eiskunstlaufen geehrt. Schon deine erste Meisterschaftskür setzte mit „Capriccio Italiana" südländische Akzente für die nächsten Jahre. Ein renommierter Fernseh- und Rundfunkjournalist schilderte in den 50-er Jahren Deinen Vortrag über Ätherwellen einmal so: „...nun bewegt sie sich wieder quer übers Eis, nutzt den Schwung der tänzerischen Drehungen zum Wirbel einer neuen Pirouette ... Herrlich! Sie spreizt die Arme, sie lächelt ins Publikum und ihr Röckchen flattert im eigenen Wind..." Die Monarchie in unserem Lande ward längst verdammt, dennoch, wir hatten eine Pirouettenkönigin, von der Zeitungen berichteten: „Inge dreht sich und die Halle jubelt." Nach Beendigung deiner aktiven Laufbahn hattest du wesentlichen Anteil an der Gründung der Sektion Eiskunstlaufen des Sportklubs Dynamo Berlin im Mai 1955. Zwischen Moskau und Colorado, zwischen Rostock und Oberhof zeichneten deine Schützlinge Kreise, Wendungen und Drehungen, sprangen die Rolfs und Uwes, die Wirth's, Wunderlich's und Errath's Axel, Lutz, Rittberger und Salchow. Nach italienischen und spanischen Musiken, nach Country-Musik oder Musical-Mixtur, nach „Valencia" und „Granada". Nach knüppelharter täglicher Arbeit mit deinen Schützlingen. Wenn man mich fragen würde, was Inge am besten charakterisiert, würde ich, ohne mich zu besinnen, sagen: Ihre Fähigkeit, mit beiden Beinen im Leben zu stehen. In dieser Person vereint sich der feinfühlige, empfindsame, kluge, in seiner Überzeugung und seiner Haltung nie zu beirrende, liebenswerte Freund, Kollege, Genosse und Mitstreiter. Möge auf Deiner Datsche immer ein bunter Blumenstrauß blühen. Knoblauch, Estragon und Dill gedeihen. Möge Dir der Stoff zum Plaudern über die Welt des Eislaufens nie ausgehen.

Günter Bräuer, Org.-Techn. Leiter der Sektion EKL, am 31. Mai 1985

Die Sportvereinigung SV Dynamo

Der SV Dynamo (später SC Dynamo) wurde am 27. März 1953 als Sportvereinigung der „Schutz- und Sicherheitsorgane" der DDR gegründet. Die Gründungskonferenz fand im Gesellschaftshaus Berlin-Grünau statt. Bereits fünf Jahre später hat die Vereinigung schon mehr als 100 000 Mitglieder. Hunderte Europa- und Weltmeister sowie Olympiasieger kamen aus dieser Sportvereinigung – die Handballer Rudi Hirsch und Klaus-Dieter Matz, der Skispringen Harry Glaß (er errang die 1. Olympische Medaille für die DDR), die Leichtathleten Christa Stubnick, Gisela Köhler-Birkemeyer, Hildun Claus, Christoph Höhne, Klaus Beer, die Schwimmer Jörg Woithe und Barbara Krause, die Eisschnellläuferin Helga Haase (gewann als erste Frau eine olympische Goldmedaille für die DDR), die Turnerinnen Birgit Radochla, Maxi Gnauck oder Karin Janz.
Im Eiskunstlaufen waren es u.a. Heidemarie Steiner/Ulrich Walther, Manuela Groß/Uwe Kagelmann, Romy Kermer/Rolf Oesterreich, Birgit Lorenz/Knut Schubert, Katrin Kanitz/Tobias Schröter, Peggy Schwarz/Alexander König, Christine Errath und Janina Wirth, die bei internationalen Meisterschaften vordere Plätze belegten.
30 Jahre nach der Gründung von Dynamo, also bereits 1983, fasste Sportreporter Heinz Florian Oertel die internationalen Erfolge zusammen: 32 olympische Goldmedaillen, 41 Silber- und 46 Bronzemedaillen für Dynamo-Sportler. Dazu kamen 125 Weltmeistertitel und 67 Europameistertitel.
Am 21. Januar 1958 war nach 20-monatiger Bauzeit die Berliner Dynamo-Sporthalle ihrer Bestimmung übergeben worden. Nun hatten die Sportler neben der 1950 eröffneten Werner-Seelenbinder-Halle eine zweite große Trainingsstätte. Für die Sportler der 1955 gegründeten Sektion Eiskunstlaufen des SC Dynamo Berlin verbesserten sich mit dem Bau des Sportforums Hohenschönhausen (Eisschnelllaufbahn und Eishalle) die Trainingsmöglichkeiten erheblich. Nach der Wende wurde aus dem SC Dynamo Berlin der SC Berlin. Die Sektion Eiskunstlaufen konnte bis heute nicht an den Erfolgen der vergangenen Jahre anknüpfen. Zu den erfolgreichsten Läufern nach der Wende zählten die Paare Peggy Schwarz/Mirko Müller und Kathi Winkler/Rene Lohse sowie die Einzelläufer Peter und Martin Liebers.

Der Name „Dynamo" verschwand nach 1990 nicht völlig. Die Fußballklubs Dynamo Dresden und BFC Dynamo gibt es noch bzw. wieder. Und auch die Anhänger der Berliner Eisbären, selbst jene, die erst nach der Umbenennung geboren wurden, rufen heute noch laut vernehmbar: „Dynamo, Dynamo, Dynamo!"

Diese Seite aus der Zeitung „Sport Echo" wurde – allerdings unvollständig – auch schon in einem anderen Buch über Eiskunstlauf abgebildet.

Als die jungen Läuferinnen (links Inge Wischnewski) das Jahr 1955 begrüßten, hofften sie sicher noch auf eigene sportliche Erfolge mit Sprüngen und Pirouetten auf dem Eis. Sie wussten da noch nicht, dass sie bereits wenige Monate später „verdonnert" würden, Trainerinnen zu werden. Mit ihren späteren Schützlingen gelangen ihnen dennoch viele nationale und internationale Erfolge.

„Alles wird gut!"

Ich weiß nicht, ob Roland Wunderlich, mein erster Chefredakteur beim Jugendmagazin „neues leben", Vater des Wischnewski-Schützlings Bernd Wunderlich, das „Copyright" auf diesen Spruch hat. Jedenfalls hörte ich den Satz damals, Mitte der 70-er Jahre, erstmals von ihm. Christine und ich machten uns bei der Erarbeitung dieses Buches öfter mal gegenseitig Mut mit diesem „Alles wird gut!" Denn am Anfang war da nur eine vage Idee, genährt aus einem Unbehagen: Über all den Lobeshymnen über die Erfolge der Karl-Marx-Städter Eislaufschule mit Trainerin Jutta Müller und ihrem berühmtesten Schützling Katarina Witt schien die Öffentlichkeit im vereinten Deutschland die durchaus beachtenswerten Erfolge der Berliner Eiskunstlaufszene um Meistertrainer wie Inge Wischnewski, Heinz Lindner oder Heidemarie Steiner-Walther vom SC Dynamo Berlin völlig vergessen zu haben. Diesem Unbehagen folgten Telefonate zwischen Christine und mir, und die Idee nahm langsam Gestalt an. Wir wollten der Berliner Meistertrainerin Inge Wischnewski und all den „vergessenen" Berliner Eiskunstläufern und Trainern eine Tribüne geben. Wagemutig war solch ein Projekt schon, musste es doch aus eigenen finanziellen Mitteln gestemmt werden. Außerdem sind wir beide keine Profis, was die Herausgabe von Büchern ohne Hilfe eines professionellen Verlages mit Lektorat, Archiv und technischem Know-how angeht.

Und so stand ganz am Anfang erst einmal eine simple Adressliste von Eiskunstläufern aus den vergangenen 50 Jahren. Die wurde, dank Christines akribischer Forschungen bei Einwohnermeldeämtern, Polizeidienststellen und mittels persönlicher Adressbücher, ständig erweitert. Was dann folgte, waren Hunderte Emails, Briefe und Telefonate und schließlich die persönlichen Treffen mit ehemaligen Schützlingen und Wegbegleitern von Inge. Unser größtes Problem war, dass alles „geheim" bleiben musste. Inge durfte davon nichts erfahren. Schließlich sollte das Ganze eine Überraschung zu ihrem 80. Geburtstag am 2. März 2010 werden.

Während der Gespräche mit Inges ehemaligen Sportlern und Kollegen merkten wir, dass wir richtig lagen mit unserer Idee. Noch heute, nach so langer Zeit, hat der eine oder andere der ehemaligen Eisläufer damit zu kämpfen, dass ihm, neben vielen schönen Erlebnissen, auch Ungerechtigkeiten in diesem harten Leistungssport widerfuhren. Manch einer hat das heute noch nicht verarbeitet und war froh, endlich einmal darüber reden zu können. Das Resümee unserer Gespräche, nachzulesen in den persönlichen Beiträgen der Sportler über ihre Trainerin, lautet indes: Wer noch nach 40, ja 50 Jahren in den Erinnerungen und in den Herzen so vieler Menschen präsent ist und Lob erfährt wie Inge Wischnewski, muss ein besonderer Mensch sein, der es verdient, wenn auch viel zu spät, eine besondere Würdigung zu erfahren. Am Schluss sei noch einmal betont, dass die porträthaften Artikel in diesem Buch aus der subjektiven Sicht, also der Erinnerung der ehemaligen Eiskunstläufer und Mitstreiter, aufgeschrieben wurden. Da kann sich das eine oder andere schon mal widersprechen oder auch wiederholen.

Und man möge uns verzeihen, wenn sich der eine oder andere „Ehemalige" in diesem Buch nicht wieder findet. Auf Vollständigkeit erheben wir keinen Anspruch. Unser Anliegen war es jedoch, auch Sportlern, die es nicht aufs Siegerpodest internationaler Wettkämpfe schafften, ein „Gesicht" zu geben. Denn **eine** Erkenntnis aus den vielen Gesprächen ist die: Auch für diese Sportler hat das Eiskunstlaufen ihr gesamtes weiteres Leben geprägt. Wie sagte doch Irene Ulrich Weigel, eine der ersten Schützlinge von Inge, heute fast 70 Jahre „jung"? „Inges Aufforderung zu Mut und Risiko hat mich stark gemacht für mein gesamtes weiteres Leben. Sich selbst zu überwinden, sich etwas zu trauen, trotz Angst davor, das wurde so etwas wie mein Lebensmotto." *Ingeborg Dittmann, im Februar 2010*

* * *

Die Autorin

Ingeborg Dittmann, geboren 1948 in Naumburg/Saale, ist heute freie Journalistin. Sie wuchs in Erfurt auf und war zwischen 1957 und 1962 selbst Eiskunstläuferin beim damaligen SC Turbine Erfurt. Nach dem Abitur absolvierte sie in Leipzig ein Journalistikstudium, das sie als Diplom-Journalistin abschloss. Sie war von 1973 an beim Jugendmagazin „neues leben"; seit 1976 Kulturchefin unter Chefredakteur Roland Wunderlich (dem Vater des Wischnewski-Schülers Bernd Wunderlich), von 1990 an Chefredakteurin des Monatsmagazins. Nach dessen „Abwicklung" durch einen Hamburger Großverlag zunächst arbeitslos, leitete sie als ABM-Kraft in den 90-er Jahren mehrere Kinder- und Jugendredaktionen, ehe sie 1999 freie Mitarbeiterin bei der „Berliner Morgenpost" (bis 2002) wurde. 1996 gründete sie im Berliner Bezirk Marzahn-Hellersdorf die monatlich erscheinende Lokalzeitung „jot w.d.", die in ehrenamtlicher Tätigkeit, aber professionell erstellt wird und inzwischen im 15. Jahrgang erscheint. Sie ist Herausgeberin des ersten Ost-West Berlin-Buches nach der Wende, „Berlin zu Fuß" (1992), und war Mitautorin verschiedener Editionen („Puhdys – Eine Kultband aus dem Osten", „Zwischen Mosaik und Einheit – Zeitschriften in der DDR", „Geschichten aus 60 Jahren Amiga", „Am Abend jener Tage – Rock und Pop in der DDR"). Ingeborg Dittmann hat zwei Kinder, Tochter Anne-Kathrin ist 29, Sohn Jörg 24, und lebt in Berlin-Mahlsdorf.

„Leistungen von fast sporthistorischem Wert"

Inge gehört zu meinem Reporterleben – von Anfang an. Die Namen der ersten DDR-Meisterinnen im Eiskunstlaufen – Olbricht, Schellhorn und Poltin – sind mir auch noch in guter Erinnerung. Doch den allerersten richtigen Direktkontakt danke ich Inge Kabisch von „Fortschritt Weißenfels", später dann Einheit Berlin.

Ich hatte, die Rede ist von 1950 bis 1955, noch keinerlei Ahnung: Was sind Axel, Lutz oder Dreier und Gegendreier... 69 (!) – Pflichtfiguren insgesamt? Aber gerade deshalb imponierte alles, was Eiskunstlaufen bedeutete. Und: Da gab es eine Läuferin, die auch das Rollschuhkunstlaufen meisterlich beherrschte und von 1951 bis 1954 vier Mal DDR-Meisterin wurde, eben Inge Kabisch. Und die zugleich (!) vier Mal den Titel im Eiskunstlaufen eroberte. Das waren noch Zeiten, das waren noch Leistungen von fast sporthistorischem Wert. In Berlin führte Inge Kabisch-Wischnewski dann als Trainerin ihre Schützlinge in den Elitekreis, wobei sicherlich Christine Errath als Europa- und Weltmeisterin ihr Volltreffer wurde. Wo stünde Deutschlands Eiskunstlaufen heute, gäbe es noch Trainer vom Format jener „Altvorderen" – 50 (!) Jahre zurück ...

Heinz Florian Oertel

* * *

ICH DANKE ALLEN, DIE UNS IHRE GESCHICHTE ERZÄHLTEN UND UNS AUS IHREN PRIVATEN ARCHIVEN FOTOS UND DOKUMENTE FÜR DIESES BUCH ÜBERLIESSEN. ICH DANKE MEINER TOCHTER JENNY, DIE MICH BERIET UND MIR WÄHREND DER GESAMTEN ZEIT MUT MACHTE. BESONDERS DANKE ICH MEINEM MANN PAUL, DER IN DEN MONATEN DER RECHERCHE UNVORSTELLBARE GEDULD MIT MIR HATTE UND VIEL VERSTÄNDNIS DAFÜR ZEIGTE, DASS DIESES BUCH „TROTZ ALLEDEM" GESCHRIEBEN WERDEN MUSSTE.

CHRISTINE STÜBER-ERRATH

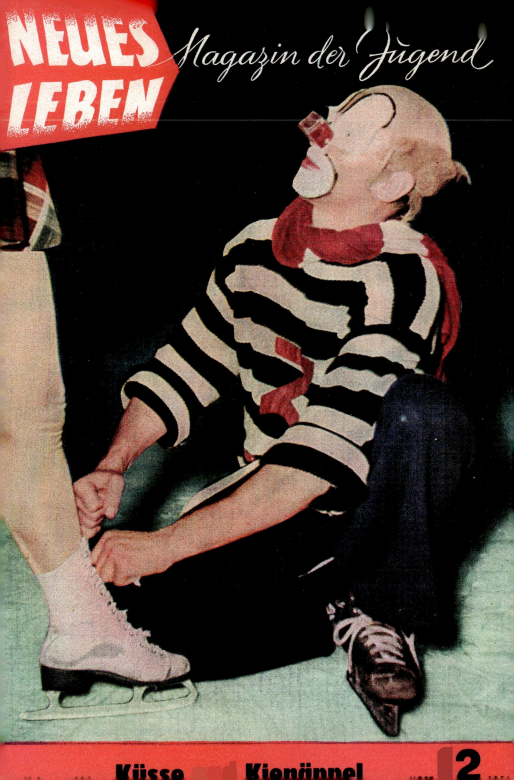

Legendär: Die Clownsreihe der „Polarsterne", dabei auch Bernd Wunderlich (Mi re.). Die Show gastierte auch unter freiem Himmel. Dynamo-Nachwuchs errang immer wieder vordere Plätze bei internationalen Wettkämpfen. S. 162/163: „Schottentanz" mit Irene Ulrich, Hella Rathje und Irene Müller, deren Bein es bis auf's Titelblatt des „nl" schaffte. S. 165: Dynamo-Eisläufer als Defa-Stars.

Christine besitzt noch alle Kostüme, auch das zum „Pariser Tango", mit dem sie auf einem Poster im „nl" erschien.

Mit Bernd Wunderlich und Anett Pötzsch.

Christine mit Kerstin Gerth (o.) und ihren Trauzeugen Ulli und Marita Kaden.

Christine mit Kristina Rouvel (o.) und beim Dreh einer Folge Außenseiter-Spitzenreiter.

Janina Wirth schaffte es auf den Titel der Frauenzeitschrift, Pokal und Goldmedaille erhielt sie als Juniorenweltmeisterin, die Vase aus Meißner Porzellan für den Sieg beim „Pokal der blauen Schwerter". 1990 trat sie mit Karin Hendschke (li.) und Marina Schulz (re.) in einer Show auf.

Manja Groß war mit ihrer Tochter Blanche-Marie bei einer Eis-Revue im Berliner Erika-Heß-Eisstadion dabei. Manja und Uwe auf dem Rücktitel eines „nl".

Manja und Uwe auf dem Berliner Alex; Briefmarken mit Eislaufmotiven zur Erinnerung; das DDR-Traumpaar Kermer-Oesterreich als „nl-Poster".

etatpriorite
sportfreundin christine errath
ddr delegation
hotel interkontinental
helenstr 14
05/koeln/brd

liebe sportfreundin christine errath zu ihrem grossen sportlichen
erfolg bei den europameisterschaften im eiskunstlauf
beglueckwuensche ich sie herzlich
der errungene europameistertietel ist der schoenste lohn ihres
durch fleissiges training und hohe einsatzbereitschaft
erworbenen hervorragenden koennen und zugleich ein

196 etatpriorite page 2/33

hoehepunkt in ihrer bisherigen sportlichen entwicklung
ich wuensche ihnen auch weiterhin viel erfolg im eiskunstlauf
sowie im persoenlichen und gesellschaftlichen leben
und beste gesundheit
    walter ulbricht vorsitzender des staatsrates der
deutschen demokratischen republik

---

christiene errath
broemdby halle
kopenhagen

ich freue mich mit dir grosse gratulation dir und deiner
trainerin bis dienstag
    gruss frank schoebel

---

sportfreundin christine errath
hotel scandinavia
kopenhagen

liebe sportfreundin christine errath
zur erfolgreichen titelverteidigung bei ~~exxxxx~~ den
europameisterschaften im eiskunftlaufen in kopenhagen uebermittle
ich ihnen die allerherzlichsten glueckwuensche .
zugleich wuensche ich ihnen weiterhin gute gesundheit und neue
sportliche erfolge
    erich honecker erster sekretaer des zentralkomitees
    der sed

Urkunden für Teilnahmen und Siege, ob als Pioniersportler oder Weltmeister, gibt's immer.

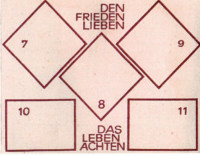

Am Anfang von Olympia stand die Berufung; Post aus der Olympiastadt, im Verein wurden 1964 Spandenmarken verkauft.

Ralf Stein hat die Plakate von nationalen und internationalen Meisterschaften gesammelt.

BZA schrieb am 8.2. 1969

Abgucken erlaubt: Gestern vormittag saß der 13jährige Eiskunstläufer Ralph Richter vom SC Dynamo Berlin mit seiner Tainerin Inge Wischnewski vor dem Bildschirm. Von den Vorbildern, den Läufern bei den Europameisterschaften in Garmisch-Partenkirchen, kann man immer etwas lernen. Heute und morgen steht Ralph als aussichtsreichster Teilnehmer an der Bezirksspartakiade selbst auf der Eisfläche im Sportforum an der Steffenstraße ...

Das Eislauftalent vererbte Mario Liebers (li.) an seinen Sohn Peter. Die beiden zu Hause.

Die Dynamo-Schaulaufveranstaltungen „Polarsterne" gastierten auch in Rumänien.

Ralf Lewandowski vor einem Riesen-Boxposter mit erfolgreichen Sauerlandkämpfern.

Stolzer Opa Ralf Stein (o.); mit 81 ging Charlotte Giebelmann 1979 noch gern auf's Eis.

Inge (Mi. vorn) mit Ehemaligen: Romy Kermer, Uwe Kagelmann, Heidi Steiner-Walther, Rolf Oesterreich, Horst Strauß, Jürgen Breitschuh, Manja Groß, Günter Bräuer (v.l.n.r.)

Inge (2. v.l) mit Tochter Ina, Irene Müller und ihrem Mann Heinz.

Inge mit Christine, Biggi Zeller, Anne Kusche und Anne Hansen (v.l.n.r.).